UMA HISTÓRIA
DE SILÊNCIO

Lloyd Jones

# UMA HISTÓRIA DE SILÊNCIO

– MEMÓRIAS –

Tradução de
LÉA VIVEIROS DE CASTRO

Título original
A HISTORY OF SILENCE
A Memoir

Primeira publicação em 2013 pela
The Text Publishing Company, Austrália

*Copyright* © Lloyd Jones, 2013

O direito moral de Lloyd Jones ser identificado
como autor desta obra foi assegurado.

Todos os direitos reservados.
Nenhuma parte desta obra pode ser reproduzida ou transmitida por qualquer forma ou meio eletrônico ou mecânico, inclusive fotocópia, gravação ou sistema de armazenagem e recuperação de informação, sem a permissão escrita do editor.

Extratos de *Krapp's Last Tape* © Espólio de Samuel Beckett, reproduzidos com autorização da Faber and Faber Ltd e Grove/Atlantic Inc.
Extrato de *In Search of Ancient New Zealand*, de Hamish Campbell e Gerard Hutching, reproduzido com autorização da Penguin Group (NZ).

Direitos para a língua portuguesa reservados
com exclusividade para o Brasil à
EDITORA ROCCO LTDA.
Av. Presidente Wilson, 231 – 8º andar
20030-021 – Rio de Janeiro – RJ
Tel.: (21) 3525-2000 – Fax: (21) 3525-2001
rocco@rocco.com.br
www.rocco.com.br

*Printed in Brazil*/Impresso no Brasil

preparação de originais
VIVIAN MANNHEIMER

CIP-Brasil. Catalogação na fonte.
Sindicato Nacional dos Editores de Livros, RJ.

J67u

Jones, Lloyd, 1955-
    Uma história de silêncio: memórias/Lloyd Jones; tradução de Léa Viveiros de Castro. – 1ª ed. – Rio de Janeiro: Rocco, 2014.

    Tradução de: A history of silence
    ISBN 978-85-325-2913-8

    1. Jones, Lloyd, 1955-. 2. Família. 3. Autores – Nova Zelândia – Biografia. I. Título.

14-10472
                                    CDD – 828.99333
                                    CDU – 821.111(931)-3

O texto deste livro obedece às normas
do Acordo Ortográfico da Língua Portuguesa.

À MEMÓRIA DE
JOYCE LILLIAN JONES
E
EDWARD LLEWELLYN JONES

> ... espiritualmente um ano de profunda melancolia e tolerância até aquela noite memorável... quando finalmente eu tive a visão completa.
>
> Samuel Beckett, *A última gravação de Krapp*

> Os erros podem parecer acidentais, mas eles nunca são aleatórios. Há sempre um controle ou um motivo oculto para sua presença...
>
> Hamish Campbell & Gerard Hutching, *In Search of Ancient New Zealand*

> Estou procurando o rosto que tinha antes do mundo ser criado.
>
> William Butler Yeats, "Before the World Was Made"

UM

NOITE. A CIDADE SE ESTENDE como um tapete de algas. Nenhum som do mar. Só o volume dos acontecimentos que me agitam por dentro. Atribuam isso à hora – aquela hora em que a escuridão parece pintada e os contornos da cidade flutuam num sonho subaquático. Eu gosto de me sentar à janela e ver as luzes acendendo, enquanto fragmentos de vida emergem aqui e ali. A sombra de alguém aparece numa janela e então as luzes são apagadas de novo, como se um erro tivesse sido cometido. O exaustor empoleirado no telhado do pub irlandês range sem parar. Na marcenaria ao lado, velhas molduras de portas e janelas estão imersas em um banho de ácido. Elas levam algum tempo para voltar à textura original. Dentro de mais uma hora, Gib vai chegar para abrir seu café para uma clientela que inclui a mim e ao meu vizinho, um designer de software fanático por xadrez, e outros menos afortunados, que, Gib me diz, estão cheios de metadona, Ritalina ou lítio, ou são simplesmente doidos. Em breve, portas de carros se fecharão com estrondo e motores permanecerão ligados enquanto jovens pais apressados levam seus filhos para a creche que fica ao lado do café. Quando venta, vozes finas flutuam até as janelas como que sopradas por um apito – agudas, esganiçadas, felizes por estarem vivas. Na esquina, em frente à loja de música, a indigente velha e cansada, que ajudou o último motorista de van da noite a estacionar, se senta num banco, fazendo sinal para os primeiros carros que passam a caminho do aeroporto. Sempre penso em levar uma xícara de chá para ela, como um menino da água correndo para o campo no intervalo da partida. Bem embaixo da minha janela, quatro andares abaixo, o alarme dos caminhões de lixo invade os sonhos noturnos daqueles que ainda dormem. O sono deles é delicadamente suspenso. Um contêiner com milhares de garrafas de cerveja vai ser virado em breve na traseira do caminhão de lixo, e o barulho do vidro irá penetrar através das últimas camadas da noite. É assim que a vizinhança acorda todo dia – modestamente, de forma meio bagunçada, numa mistura de encanto e zombaria.

Escrevo estas notas do último andar de uma velha fábrica de sapatos num bairro pobre de Wellington. Quando eu era criança, usava sapatos fabricados neste mesmo prédio. Portanto, seria impensável que uma criança como eu, que vivia num bairro residencial, fosse acabar morando numa fábrica, ainda mais no centro da cidade. Eu teria achado que algo de horrível tinha acontecido comigo. Mas se alguém tivesse me oferecido um ninho de passarinho, eu teria aceitado na mesma hora. E no entanto, aqui dentro destas paredes compartilhadas chegam os sons abafados de movimento, de canos estalando e gemendo, ganhando vida.

Resta muito pouco da fábrica de sapatos. As velhas prateleiras de sapatos estão tomadas pelos meus livros, muitos sobre expedições famosas. Homem e cão e alguns cavalos congelados. O marinheiro solitário seguindo seu curso sob um céu aterrorizante. Há livros que contêm sombras. Os que eu consulto com mais frequência são os que celebram o não dito. Gosto que as frases declarativas venham com muito espaço em branco em volta delas. Então, naturalmente, há poesia chinesa com suas paisagens a nanquim. Plantações de arroz. Bambu. Há também livros sobre esportes, mas não tantos quanto os que eu li. Um livro fino ensina como aplicar cimento, e outro oferece alívio para dor nas costas através de uma série de diagramas.

Um ou dois destes livros pertenciam a minha mãe, inclusive um livro de capa mole em que a Força Aérea do Canadá mostra seu programa de exercícios físicos. Nunca foi consultado, mas foi conservado por motivos sentimentais, assim como o pote de geleia no canto da despensa, que eu trouxe da casa dela depois que ela morreu. Tem o livro de Evelyn Waugh, *Furo! Uma história de jornalistas*, que eu guardo por causa da força da dedicatória na folha de rosto – de Papai para minha mãe, *Para Lew, com amor, Joyce*. Enquanto eles estavam vivos, nunca ouvi nenhum dos dois expressar abertamente amor um pelo outro. O quarto deles ficava na parte da frente da casa. A porta estava quase sempre fechada, o que reforçava o mistério da vida deles. Avistava-se de relance, sempre que a porta estava entreaberta, duas camas posicionadas como num quarto de motel. Uma atmosfera tão pouco vivida, tão simples, que o resto da casa parecia entulhado de móveis.

Esta é também a hora em que o quadro na extremidade do cômodo fica mais bonito. A pintura sobre tela é quase inteiramente azul. Parte do azul é tão desbotada que não dá para dizer se é branca ou azul. Há azuis mais escuros, que sugerem sombras, e um pedaço mais escuro de azul que a esta hora, iluminado pela única lâmpada que pende do teto, se transforma magicamente num promontório.

Durante o dia não há muito o que ver. As cores ficam esmaecidas ao longo dos três painéis. Mas nesta hora próxima do amanhecer, a mancha azul ganha claridade até surgir um promontório. Então, você se vê olhando cada vez mais atentamente para além de uma série de promontórios, na direção de um ponto de fuga que não pode ser identificado.

A pintura é de Dusky Sound em Fiordland, no sudoeste da Nova Zelândia. Foi pintada por Gerda Leenards. Portanto, é um lugar real, mas não se pode confiar em sua representação pintada, já que ele muda a cada momento.

O mesmo estreito foi pintado por William Hodges, o artista que participou da segunda viagem de exploração de James Cook. E num quadro, como que para identificar e assegurar ao espectador que se trata de uma pintura de um lugar de verdade, Hodges colocou um pequeno grupo de maoris em primeiro plano. Lá estão eles, imóveis, esculturais. Eles dão escala e perspectiva ao esplendor romântico do cenário de Hodges. Mas eles também são tão provisórios quanto a cavilha de um topógrafo.

A pintura é um disfarce sob diversos aspectos. Raios X do cenário fantasioso e provavelmente rememorado de Hodges revelou talvez os primeiros esboços de icebergs antárticos.

Por que Hodges pintou por cima dos icebergs? Por que ele cobriria com sua invenção romântica o que tinha realmente visto? Ele capturou o iceberg num determinado momento, e é totalmente convincente. A perspectiva é do convés inclinado do navio. É possivel sentir a proximidade silenciosa do *Resolution*. Os dois fenômenos são imediatos. O olho conduz a mão e o iceberg é transportado para a tela. Não houve tempo para pensar no iceberg, não houve tempo para pensar em composição ou na adição de efeitos sublimes. É uma fotografia instantânea capturada em tons de branco e cinza.

Enquanto que a cena em Dusky Bay pintada por Hodges é uma reconsideração do que foi visto e experimentado. A terra emergiu da abundância habitual da floresta tropical. As árvores receberam mais espaço para que cada uma alcançasse a elegância de um carvalho inglês no meio de um bosque. A cena é iluminada, a luz, suave e agradável. A pintura pronta é um passo devastador na direção da transformação da natureza selvagem num cenário pastoril.

⌒

Quem não gosta da suavidade da madeira? Ou de um degrau de porta marcado ao longo do tempo pelos pés que pisaram nele? Ou de fragmentos de conversa que fazem o ar crepitar? Quando a linguagem foi assim tão nova? Quem disse o quê para quem, para o outro dizer: "Eu nunca tinha ouvido isso antes"? Quando o vento sopra e sua pele está molhada, ocorre um arrepio que é único, igualando-nos a criaturas sem camas onde deitar e sem coberturas sob as quais se abrigar. Eu prefiro os elementos, e resisto às roupas novas e engomadas que minha mãe preferiria que eu usasse. Sou mais feliz com minhas meias depois que o elástico finalmente cede e elas ficam penduradas em volta dos meus tornozelos. Os bolsos da minha bermuda estão decentemente rasgados. As pontas dos meus sapatos, feitos na fábrica onde vivo agora, estão gastas. Os cotovelos do meu suéter estão em farrapos. A lama nos meus joelhos está seca. Eu sou igual a algo que saiu do lodo, encaixado no mundo onde nasci.

Minha mãe gostaria de algumas modificações. Eu a pego frequentemente olhando para o meu cabelo. Ela gostaria de pegar um chumaço do meu cabelo e passar a tesoura nele. Mas como é pouco provável que ela seja bem-sucedida nisso, com o meu cabelo, a campanha está direcionada para minhas roupas. Meu suéter, por exemplo, fruto de tantas horas de trabalho com suas agulhas de tricô. Eu sou uma vergonha. Ela gostaria de arrancar essa peça de tricô do meu corpo e jogá-la no lixo. Mas estas roupas são o que tenho de mais representativo de mim. Eu tenho a mesma conexão visceral com elas que tenho com Pencarrow, esse pedaço de terra que se estende sobre o estreito de Cook.

Essa extensão de terra é a que chega mais longe, o resto é mar aberto. E é claro que a propensão natural é andar até a beirada, e se equilibrar onde a terra cai subitamente na direção de baías de cascalho em forma de meia-lua e o mar avança sobre elas para fazer seus depósitos e arrancar de volta tudo o que pode.

Isso é Pencarrow, com metade de sua face encarando o estreito de Cook e a outra metade voltada recatadamente para o Porto de Wellington. Não imagino outra conotação para o nome além de indicar posse. O nome anterior era Te Roe-akiaki, que indica onde você está e o que vê – *o promontório onde o mar sobe impetuosamente*. Do outro lado da entrada da enseada fica o outro promontório, o lábio inferior do peixe que *come o vento*, Te Raekaihau.

O capitão James Cook tentou por três vezes velejar entre os promontórios, mas no fim velejou pelo estreito para explorar e mapear a costa de South Island. No dia em que desistiu, um vento noroeste soprou pela enseada levantando massas de espuma branca, um vento maluco, atacando furiosamente o que estivesse no seu caminho. William Hodges pintou a tempestade na altura do Stephens, na extremidade nordeste de South Island. A perspectiva coloca o artista no alto de uma colina acima do *Resolution*, enquanto o barco abre caminho no meio de uma série de ondas gigantescas. Mas Hodges, é claro, estava a bordo, enfrentando aquela travessia turbulenta. O quadro é cheio de movimento e perigo. O artista jogou os elementos bravios na tela e depois inseriu o navio como uma criança coloca o seu barquinho de brinquedo na banheira. A pintura consegue retratar um pouco da afronta pessoal experimentada durante a batalha contra a tempestade. Nunca me senti tão pouco preso à terra como quando o noroeste sopra a todo vapor. Até meu rosto parece mudar – sinto o osso do nariz apontado para cima e a pele da testa deslocada. As pálpebras têm que ser forçadas a se abrir. O nariz escorre.

Eu sei – quer dizer, meu pai me contou – que crianças pequenas às vezes são lançadas no mar. Eu olho atentamente para um pontinho ao longe.

Estamos caminhando faz tempo, e está na hora de me darem um biscoito. As ovelhas no pasto varrido pelo vento estão aborrecidas comigo. Elas não olham para Mamãe ou Papai. Papai dá uma parada para pegar seu chapéu, sacode a mão no vento, e as ovelhas fogem correndo. As gaivotas não ouvem nada. Elas voam lá no alto.

Caminhamos a tarde toda por esse promontório num estado de exaltação alegre. É divertido e às vezes eu sinto como se lugar e corpo estivessem se reconhecendo, numa identificação mais profunda do que o mero ato de caminhar ou de contemplar o vento varrer o capim alto.

Com o passar dos anos, os passeios se repetem, e cada vez eu sinto como se estivesse caminhando para dentro de alguma coisa, entrando cada vez mais fundo na pele de algo que não consigo nomear, uma sensação de agasalho sem estar coberto por nenhum manto.

E nessas horas eu diria que tinha a impressão de estar sendo guiado, mas sem um guia que eu pudesse apontar.

Descobri que alguém também pintou essa paisagem, o que não é nenhuma surpresa. Mas o lugar onde eu achei é – na vitrine de uma livraria em Hastings, na Inglaterra. Isto foi sete ou oito anos atrás. Eu estava numa rua, indo apressadamente para algum lugar – meu casamento tinha desmoronado e eu estava apaixonado por uma jovem e buscando loucamente algo que havia perdido há muito tempo –, quando olhei por acaso para a vitrine. Estampadas num livro grande de pinturas exposto na vitrine estavam as enseadas em forma de meia-lua cobertas de cascalho e detritos, e as colinas costeiras no topo das quais eu havia caminhado sob nuvens apressadas, iguais às da pintura, num daqueles dias exaustivos quando a única maneira de seguir em frente é abaixar a cabeça e enfrentar o vento.

Eu me aproximei da vitrine para ver o nome do artista e fiquei espantado ao descobrir que a pintura não era de Pencarrow, mas de Pembroke Dock, no País de Gales – onde nasceu meu meu avô paterno, uma figura lendária, já que eu só tinha ouvido falar dele como "o comandante galês que se afogou no mar".

Dependendo do seu estado de espírito, às vezes minha mãe pega uma caixa de madeira que contém o passado. É lustrosa o suficiente para captar cada reflexo da sala, exceto o meu.

Tem um truque para abrir a caixa que eu nunca consegui aprender. Acontece que há caixas dentro de caixas, compartimentos secretos difíceis de encontrar.

Dentro de uma de suas gavetas estão algumas medalhas da Guerra dos Bôeres e um relógio de corrente que pertenceu a alguém chamado Vovô. Esta pessoa chamada Vovô é um vendedor de livros.

Uma vez me mostraram o retrato dele, ou, para ser mais preciso, eu me lembro de ter visto um retrato de alguém chamado Vovô, um estranho que de fato não é meu avô nem pai da minha mãe. O pai da minha mãe é um fazendeiro, uma figura ainda mais improvável do que esta outra chamada Vovô, já que ele raramente é mencionado. Talvez tenha sido uma única vez, mas ficou na memória.

Há outros mistérios maiores, tais como a ausência de fotos dos meus pais quando eles eram crianças.

A cicatriz no nariz da minha mãe é outra dessas coisas difíceis de explicar. Ela não sabe direito como a obteve; alguém jogou algo nela ou então ela foi jogada contra algo.

Às vezes eu noto a cicatriz. Na maior parte do tempo não noto. Mas quando noto, ela prende minha atenção. É uma cicatriz de um momento especial, um acidente ou talvez uma travessura em um mundo que desapareceu completamente. É uma curiosidade, assim como um fóssil.

Minha mãe não sabe como era a aparência do pai dela. Ela nunca o viu. Ela se lembra da mãe, Maud. Na verdade, vive pesquisando de forma obsessiva sobre ela, embora raramente fale dela.

Em 1914, quando Maud chegou a Wellington como uma "mulher abatida" para ter minha mãe, meu pai estava aos cuidados do orfanato da Tinakori Road. Ele e seus irmãos foram encontrados vagando ao redor do corpo da mãe deles, Eleanor Gwendoline (que morreu de hidatidose) num apartamento em Kilbirnie. Eles são seis: Percy, os gêmeos Gladys e Jack, Arthur e Laura, de nove anos, que ficou cega – acredita-se – devido a "uma tempestade de areia em Lyall Bay", abaixo do promontório que devora o vento, e Lew, meu pai, que tem um ano e meio.

Enquanto Maud está esperando para parir minha mãe, Laura é mandada para o norte, para um instituto de cegos em Parnell, Auckland, onde aprende a recuperar o mundo perdido fazendo pessoas com massa de modelar. Depois de recuperar parcialmente a visão, ela é colocada para trabalhar numa fazenda em Te Puke. Um ano depois, uma tia que morava em Melbourne manda buscá-la e nunca mais se tem notícias dela. Arthur cumpre três anos de trabalhos forçados por invasão de domicílio. Gladys irá obter uma ordem judicial proibindo-o de visitá-la. Arthur vai embora para o Canadá e nunca mais se saberá dele. Minha avó é enterrada num túmulo sem lápide no cemitério Karori, de Wellington, e é esquecida. E Arthur Leonard Jones, o pai de toda esta confusão, meu avô, nascido em Pembroke Dock, País de Gales, irá "se afogar no mar".

Eu sei pouco mais do que isso sobre o mundo físico onde nasci, mas ele também tem suas camadas míticas. A terra foi originalmente pescada do mar. Nossa rua faz limite com Taita, o emaranhado de casas numa ponta de terra que se estende sobre o Porto de Wellington na forma de uma boca de peixe. A fábrica de sapatos, a quinze quilômetros do coração da cidade, está localizada no alto da boca. A estrada que liga passado e presente, subúrbio e cidade é a espinha do peixe em cujas costas eu nado para dentro do mundo.

Há outros mitos criados a serem considerados. Sendo o mais novo de cinco filhos, em vez de me contarem sobre a indecência da gravidez de minha mãe em idade avançada, sou informado de que fui achado sob uma folha de repolho.

É fim de semana, provavelmente domingo, porque Papai está no jardim com suas botas de jardinagem e camiseta branca. Eu também estou lá, ajoelhado no rico solo adubado, na trilha do meu mito, levantando uma folha de repolho caída, depois outra, uma quase podre, para ver se tem outra criança ali debaixo. Estou bastante confiante de encontrar alguém porque no litoral, sempre que eu levanto uma pedra, encontro um caranguejo indignado, fugindo da claridade súbita do dia, ou então um peixe escorregadio afundando mais na lama. Fico decepcionado ao ver que não há ninguém sob esta folha de repolho, nem sob aquela. Levanto os olhos para olhar para Papai. Através da fumaça espessa do incinerador, avisto um sorriso na sua cabeça calva. Mais além do seu ombro queimado de sol, emoldurada pela janela da sala, está a figura vigilante da minha mãe. Nesse instante sinto como se tivesse descoberto algo, ou vislumbrado algo para que, naquele determinado momento, não existissem palavras como "folha de repolho" ou "piscina natural". Isto dura apenas poucos segundos. Então meu pai começa a rir. Ele sacode a cabeça para mim. Quando me viro, a sombra vigilante sumiu. A janela é só uma janela, transparente, refletindo apenas as nuvens que passam.

Metade de uma vida mais tarde eu cheguei em Christchurch e encontrei uma cidade quebrada ao meio como casca de ovo pelo terremoto e onde não ouvi nenhum riso.

No dia 22 de fevereiro de 2011, houve um abalo violento, como o estalo de uma toalha de mesa sendo sacudida. O passado de uma cidade agora jazia exposto, e ele não era como a maioria das pessoas tinha imaginado.

Na Ponte da Lembrança, nós nos amontoávamos como um dia as pessoas costumavam se amontoar na beirada dos cais para acenar para os navios de passageiros. Numa dessas ocasiões, em Auckland, eu tinha me despedido da minha irmã mais velha, Pat, no *Castel Felice*, a caminho da Europa, então um lugar desconhecido para mim. Tive que pular a cerca dos fundos para procurar a Europa. Eu a encontrei num livro de geografia resgatado do depósito ilegal de lixo no terreno baldio atrás da nossa casa. As páginas estavam úmidas e fediam enquanto eu as desgrudava umas das outras para encontrar uma várzea na Holanda. Como costuma acontecer quando se faz uma descoberta, diversas outras se seguiram. Logo depois, ouvi no rádio, num domingo de manhã, a história do menino que prendeu o dedo no cais. Era incrível pensar que o dedo de um menino ficou entre a continuação da vida e sua destruição.

Durante algum tempo, ficamos olhando para a lateral branca e brilhante do enorme navio. Ele parecia grande e pesado demais para flutuar. Ele tocou a buzina, um som alto e alegre, e quando começou a se afastar da multidão eu contemplei as figuras e formas estranhas e maravilhosas na escuridão oleosa que se espalhavam abaixo da extremidade do cais, enquanto minha mãe acenava para os passageiros no convés, na esperança de ter uma última visão da filha.

Na Ponte da Lembrança, a multidão contemplava uma cidade desaparecida. Até uma criança que tivesse sido rebelde até aquele momento estaria disposta a enfiar seus dedos rosados e frios nos buracos do cais.

O silêncio era do esforço concentrado para recordar como as coisas costumavam ser. O lugar onde dias ou semanas antes havia um prédio era agora um espaço vazio. A mudança era abrupta e chocante. Como o lugar parecia pequeno agora, pequeno demais para conter o que eles se lembravam que havia ali.

O outono se tornou inverno, e as lembranças continuaram a diminuir até só restarem alguns detalhes – a cor da parede de um escritório no terceiro andar, a vista de uma determinada janela, talvez o som de uma reunião em outro escritório, os passos peculiares pelos degraus que levavam ao andar do banheiro onde um cigarro podia ser fumado nos velhos tempos, sem falar na linguagem codificada de olhares que os prédios captam e passam a ser reconhecidas com o tempo. O prédio sonhado continuou a desaparecer nas semanas e meses seguintes. Os espaços vazios não atraíam mais o mesmo olhar perplexo que daquela primeira vez que as fundações de argila molhada foram pelos ares. E, na primavera, a lembrança do que antes havia lá pouco competia com a imagem alegre de um melro saltitando no meio daquelas mesmas fundações cheias de lama.

Tínhamos sido os últimos a deixar o cais em Auckland. Mamãe e eu esperamos, e embora minha irmã não pudesse de jeito algum nos ver no cais abaixo da cidade iluminada, ficamos ali. Abracei meu próprio corpo para espantar o frio, e não tive coragem de reclamar. O navio foi diminuindo, e finalmente desapareceu. Só então nos viramos para ir embora. Finalmente, estava na hora de comer alguma coisa.

Numa excursão de escola à futura cidade partida, meus colegas e eu paramos para ouvir o som de *clique, clique, clique*. Ele vem de uma grande casa de madeira. Chamamos a atenção do professor para ele. O professor parece compartilhar de nossa preocupação. Ele fica alerta, depois seu rosto relaxa. O som, ele explica, é feito por algo chamado carneiro hidráulico. O carneiro hidráulico é um instrumento para bombear água. Nós examinamos a rua e vemos belas casas antigas de madeira, árvores, jardins, mas não há água à vista. Essa é a natureza da água de fonte, ele explica. Ela não pode ser vista e é por isso que é tão boa e tão pura. Tornamos a olhar para a casa elegante com uma varanda discreta. Seu telhado de ferro está rachando pelo calor. É difícil acreditar que haja um córrego sob ela.

Voltamos para o ônibus e seguimos para uma fábrica de cereais de café da manhã. Lá, nós nos enfileiramos ao lado de operários com redes brancas no cabelo. Todos parecem hostis. E no entanto cada um de nós recebe de presente uma caixa de cereais. Isto é fantástico. Não sabíamos o que esperar, mas, sem dúvida, os cereais gratuitos são um ponto alto. Caminhamos pela fábrica com nossa caixa de cereais até parecer que nós é que estamos sendo fabricados. O barulho da fabricação de cereais é ensurdecedor. Um homem de casaco branco precisa gritar para ser ouvido e nós escutamos impacientes a história dos flocos de milho.

É um alívio sair dali para o sol do lado de fora. Especialmente porque estamos no "jardim de fábrica do ano". O jardim fica numa elevação – eu consigo avistar além das planícies, onde as montanhas baixas carregam as mais altas nos ombros. Tenho a sensação de ser arrancado de mim mesmo e levado para um lugar mais distante. Um dia eu vou cruzar o portão da fazenda onde o pai da minha mãe morava, mas neste momento o cheiro de excitação está mais perto. Do lado de fora da fábrica de cereais está uma garota que eu gosto. Cinco ou seis de nós fingimos tentar pegá-la. Nós a pegaríamos facilmente se quiséssemos, mas o que faríamos em seguida? Ela é toda algodão branco e cabelo esvoaçante e de vez em quando uma voz estridente. Nós não sabemos ao certo onde tocar. Apenas desejamos fazer isso. Aí ligam o motor do ônibus e o feitiço é quebrado.

⌇

Que estranho ver a nós mesmos, e não as vítimas estrangeiras que estávamos mais acostumados a ver, fugindo da fumaça e da poeira da tragédia. Eu assistia às consequências do terremoto de fevereiro pela TV da fábrica de sapatos em Wellington. E não importa quantas vezes eu revisse a cena, sentia a mesma perplexidade. Ninguém olha para trás para ver a bola de poeira crescendo às suas costas. Entretanto, cada pessoa daquelas carrega uma lembrança diferente do momento aterrorizante em que o próprio mundo ruiu à sua volta.

Também fica claro que a jovem repórter de TV nunca viu nada parecido. Ela espera ser capaz de manter a calma. Precisa conseguir parar pessoas e perguntar a elas o que viram.

Há uma guinada brusca. A tela mostra a imagem da lateral de um prédio, depois o chão tremendo, depois uma imagem mais longa da rua e a multidão correndo da fumaça. E o abalo secundário termina.

Em seguida, um homem com uma faixa na cabeça aparece correndo. Ele para, olha ao redor, continua correndo, torna a parar. Ele aproveita sua hora de almoço para correr, como faz todo dia, imagino que é isso que ele pensa, e agora não sabe se continua como corredor ou como vítima ou como testemunha. Mas, ridiculamente, e tanto tempo depois, ainda me incomoda o fato de ele ter ficado correndo no mesmo lugar como se estivesse esperando o sinal abrir, enquanto atrás dele tubulações de água estouravam, sistemas de esgoto desmoronavam, veículos caíam dentro de buracos, casas deslizavam sobre despenhadeiros, dunas de areia aterradas surgiam através de camadas de asfalto, e as muralhas de alvenaria e reboco da cidade ruíam no meio da rua. Ao mesmo tempo, ele oferecia um ponto de referência porque a câmera de TV parecia estar dentro dele. Então, quando ele se virou, vimos pelos seus olhos aquela enorme nuvem de fumaça e, saindo de dentro dela, uma multidão de gente. Fiquei surpreso com a calma das pessoas, mas agora me pergunto se o que vi foi choque, se um estrondo interno as tinha congelado numa tranquilidade majestosa como forma de conservar sua dignidade enquanto a cidade desmoronava em volta delas. Então, finalmente, o corredor sucumbiu ao momento e pareceu apropriadamente confuso e perdido. Ele pôs as mãos nos quadris como se tivesse chegado ao final de uma longa corrida e levantou os olhos para o céu.

Foi nesse dia ou no dia seguinte? Um produtor de rádio da BBC ligou para perguntar se eu podia escrever alguma coisa sobre o terremoto em Christchurch para ser lido no ar. Ele disse que esse tipo de coisa não deveria acontecer na Nova Zelândia. E quando ele disse "Parece um filme", eu entendi exatamente o que ele estava querendo dizer, mesmo que ele tivesse em mente o gênero catástrofe. Eu estava justamente pensando mais sobre a minha relação com o evento, e como um filme consegue conciliar noções artificiais de presença e envolvimento com a ação que está se desenrolando em outro tempo e espaço.

O produtor perguntou se eu escreveria sobre o que o país estava passando. Depois de refletir um pouco, concluí que não podia – uma pessoa no extremo norte do país, ou então em Londres, tinha uma ligação com o terremoto inevitavelmente distinta da ligação de alguém que tinha sido atirado no chão próximo ao epicentro. Como uma pessoa podia falar por todas? Isso dependia da proximidade da pessoa com o evento, bem como da sua constituição interna. A minha resposta expressava uma tristeza profunda pela situação dos meus compatriotas e, o que era mais surpreendente, um conjunto de lembranças que me tomaram de forma indiscriminada, desordenadamente, como que lançadas à superfície pelo abalo dos sedimentos depositados dentro de mim.

Ainda assim, foi bom ter sido convidado, por mais terrível que seja pensar nisso dessa forma. No momento do convite, o número de mortos estava subindo; membros estavam sendo amputados para que pessoas fossem retiradas do meio dos escombros. Agora, nesta manhã, um ano e alguns meses depois do terremoto de fevereiro, leio a respeito de um sobrevivente, que tinha perdido as duas pernas no desmoronamento do prédio da Pyne Gould Corporation, preparando-se para participar da maratona de Nova York numa cadeira de rodas. Ocorreu-me que ele devia estar preso nos escombros do prédio quando o produtor me telefonou como alguém telefona para um bombeiro ou um faz-tudo para solicitar um serviço de emergência.

Eu não era a pessoa que o produtor estava procurando. Eu estava sentado na ponta da cadeira, em frente à tela, com o controle remoto na mão, em estado de choque, segurando o telefone. Mas ele estava certo ao comparar as cenas com um filme. Elas liberaram um arquivo pessoal de horror que subiu à superfície do meu corpo exatamente da mesma maneira que eu tinha visto acontecer com a jovem repórter de TV ao contemplar a expressão do seu rosto – coisas nas quais não pensava havia anos, eventos há muito encobertos por experiências posteriores – e eu me vi desequilibrado por esse afrouxamento do eu.

Na TV passavam imagens iluminadas por refletores de equipes de resgate cavando com as mãos no meio dos pedaços de madeira e reboco. Eu me vi isolado por minhas próprias lembranças, algumas das quais eram banais, quase indescritíveis e inúteis, certamente nada para dizer para o produtor ainda na linha, ligando de Londres, esperando pacientemente enquanto meus pensamentos vagavam desenfreados por uma progressão de horror que começou com minha primeira ida ao açougue. A transição da rua, passando por uma cortina de tiras vermelhas e azuis, é chocante. Num momento eu estou com Mamãe do lado de fora, sob o céu azul e as nuvens brancas de um dia de verão, no calor da calçada, e no momento seguinte estou cercado de pedaços sangrentos de corpos com nomes agradáveis aos ouvidos, decorados com folhas de samambaia e salsa. Minha mãe, por outro lado, examina os pedaços de carcaça como faz quando pega alguma coisa na praia, com um vivo interesse disfarçado por um leve sorriso. Noto que o avental do açougueiro está manchado de sangue. Assim como suas mãos, que ele colocou nos quadris. Olho para a cortina alegre, de tiras vermelhas e azuis. Estou chegando devagar à noção de ilusão – que a ilusão é uma das dobradiças que fazem o mundo se mover para frente e para trás. O mundo arrumadinho de asfalto e grama está lá fora. Aqui, corpos despedaçados. Pelo que me lembro, fugi para o sol ofuscante do lado de fora e para a promessa de uma limonada gelada. E a carnificina que eu vi mais ou menos nessa mesma época. Um acidente perto da ponte de Waterloo, em Hutt. Duas chapas de aço amassadas, uma quantidade inacreditável de vidro quebrado, cheiro de gasolina, um rio de sangue humano – e o gemido das sirenes e a inutilidade do policial sozinho no local, empurrando o ar com as mãos.

E então, num momento mais calmo, depois de ter dito ao produtor que eu voltaria a ligar para ele e de ter desligado o telefone, fiquei ali sentado, imóvel, abalado por algo inesperado, e tornei a ouvir – acho que pela décima, vigésima ou centésima vez – o tiro. O episódio ocorre sempre da mesma maneira. Eu olho para o relógio. E ao ver que são duas horas da manhã, fico meio aborrecido. Visto um jeans e uma camiseta. O apartamento fica na Western Addition, uma das regiões mais perigosas de San Francisco. Ouvi dizer que os policiais não vêm aqui à noite. Mas, no final da rua, lá estão eles. Um carro de polícia parou na calçada. Dois tiras estão com lanternas acesas apontadas para a vitrine da loja palestina de esquina. Um homem negro está sentado no meio-fio. Ele olha para mim. Seus olhos estão vidrados. Então eu vejo o buraco vermelho no peito da sua camiseta branca. Ocorre-me que eu já havia visto isso antes, e vi mesmo, umas cem ou mil vezes, de modo que aquilo não me chocava mais, e eu não conseguia mais sentir. O horror instintivo que senti da primeira vez que entrei no açougue esgotou-se. Então, quando o produtor se referiu ao terremoto dizendo "Parece um filme", eu entendi o que ele quis dizer, só que desta vez era diferente.

Esta era uma tragédia de verdade. Da mesma forma, era fácil ver que ela tinha vindo de um passado desconhecido. Os velhos mapas mostravam claramente o histórico pantanoso das fundações da cidade. Mas isso tinha sido ignorado ou talvez tenham achado que o problema fora superado com os avanços das técnicas de drenagem de solo seguida de aplicação de concreto e asfalto.

Poucos dias depois do terremoto, cartazes indicando locais para doação de roupas e alimentos e outros artigos foram pregados em muros e postes por toda Wellington.

Numa hora de almoço, entrei numa longa fila na porta de Pipitea Marae para deixar algumas lâminas de barbear e artigos de toalete que eu tinha ouvido dizer que estavam em falta. A organização e a eficiência da operação eram impressionantes. Todo mundo parecia saber instintivamente o que fazer. Uma mulher maori mais velha se aproximou de mim e perguntou compassivamente: "De onde você é, meu bem?" Várias pessoas que haviam fugido de Christchurch, inclusive turistas estrangeiros, tinham passado a noite no Marae, a caminho do norte. Acho que ela me confundiu com uma delas. Fiquei com pena de desapontá-la. Eu só estava ali para ajudar. Então ela perguntou se eu queria uma xícara de chá. Ela também queria ajudar – qualquer pessoa que pudesse. Recusei educadamente, e ela disse: "Deus o abençoe."

Alguns dias depois do grande terremoto de 1931 em Napier, meu pai pedalou 385 quilômetros para ajudar na limpeza da cidade. Eu sempre soubera disso, embora, como acontece com muitas coisas que sei, não me lembro de terem me contado. Era uma dessas coisas que absorvemos, como saber que o céu é cheio de estrelas, sem que ninguém precise dizer.

Durante várias semanas, pensei em ir para Christchurch para ajudar, mas então ouvi falar num "exército de dez mil estudantes" recrutados através do Facebook e me senti desencorajado. Dez mil pares de mãos jovens, cada uma com uma pá para limpar as ruas e entradas de casas. E lá estavam eles, na tela e em fotos de jornais. Eles eram magníficos. E eu me senti rejeitado.

Então eu pensei: "Vou assim mesmo." No mínimo, posso ajudar a catar o que quebrou. Ou talvez eu possa levar uma pá comigo e me juntar ao exército de estudantes, mas a ideia de um jovem de 20 anos segurando uma pá me impediu. Meu pai, eu me lembrei, tinha mais ou menos a mesma idade dos estudantes quando pedalou até Napier.

Meses depois do terremoto de Christchurch, os velhos prédios na região dilapidada e um tanto decadente, mas animada, de Cuba Street, nos arredores da fábrica de sapatos em Wellington, foram isolados — foram considerados impróprios para moradia porque sua estrutura estava abaixo dos padrões necessários para suportar um forte terremoto. Compradores de imóveis agora evitavam construções de tijolos, e estavam mais ansiosos do que nunca para saber se o imóvel em vista seria capaz de suportar em Wellington um terremoto da magnitude do de Christchurch.

Esta transferência de angústia era compreensível numa cidade onde repetiam constantemente que um dia iria ocorrer um terremoto de proporções apocalípticas. Desde quando eu estava no ensino fundamental, ensaiávamos para isso. Eu me lembro de estar num treinamento para terremoto esperando por minha morte iminente com a respiração suspensa e os olhos arregalados. Eu não queria perder nada do que estava acontecendo, principalmente o sinal do professor de que meu mundo estava prestes a mudar. Quando ele batia palmas, nós nos enfiávamos debaixo das carteiras. Passado mais um minuto, que sempre parecia mais tempo, ele tornava a bater palmas e nós saíamos de baixo das carteiras e olhávamos em volta e uns para os outros: felizes sobreviventes.

Minhas angústias provocadas pelo terremoto em Christchurch eram antigas, vinham de outro tempo e lugar.

E enquanto a emoção se espalhava pelo país, por entre aqueles que tinham experimentado o evento em primeira mão e aqueles que podiam ser descritos como testemunhas, nós nos vimos numa região sobreposta, semelhante ao efeito que os geólogos descrevem como sendo um eco entre superfícies moles e duras.

Eu resolvi ir para Christchurch cinco semanas depois do terremoto.

Como William Hodges contemplando o estonteante espetáculo dos icebergs em latitudes mais ao sul do que Cook já havia navegado, fui tomado por um sentimento de assombro – no meu caso, entretanto, por causa das cenas de destruição.

Já havia pousado no aeroporto de Christchurch muitas vezes antes, e geralmente ia direto para um hotel na cidade. Nunca me interessei em olhar pela janela, pelo menos não antes do táxi alcançar os arredores do Parque Hagley, quando eu olhava com mais atenção para os enormes carvalhos e para o espaço imponente que eles dominavam.

Desta vez foi diferente. Foi estranha e eletrizantemente diferente. Minutos depois de sair do aeroporto, vi um tanque percorrendo a Memorial Avenue. Sua antena comprida irradiava uma urgência que fazia as casas por onde passava parecerem pequenas e indefesas. E então a aleatoriedade da violência ficou clara. Ao me aproximar do Parque Hagley, vi árvores retorcidas, como flechas disparadas do céu por um arqueiro, e uma vasta frota de barracas e trailers das equipes de resgate.

Logo o trânsito ficou mais lento; a rua estava destruída e pela janela aberta pude sentir o cheiro de terra liquefeita.

Buracos, depressões por toda parte. Detritos de todo tipo e tantas imagens surpreendentes – a imagem não muito correta e ao mesmo tempo não completamente inadequada do céu entrando pelo telhado quebrado de uma igreja. Ruas engolidas por fissuras e rachaduras. Na interseção de ruas que levam ao centro da cidade, rostos jovens pertencentes à Força Nacional impediam a passagem de motoristas curiosos ou daqueles que talvez tivessem esquecido que o antigo caminho não estava mais disponível. E então havia os prédios, com pedaços faltando, janelas quebradas, desmoronamentos. Aquele mundo estava mais frágil do que se poderia supor, a tal ponto que depois de várias viagens ele começou a parecer de mentira, a dar a impressão de que todo mundo estava vivendo num cenário de teatro.

À medida que os prédios parcialmente destruídos começaram a ser demolidos, os terrenos vazios começaram a se multiplicar, e os limites do esvaziamento da cidade, a se estender. Em Bottle Lake, uma cidade substituta – de entulho – surgiu. Montanhas de detritos estavam sendo comprimidas por niveladoras que pousavam como máquinas de brinquedo no topo da pilha de supérfluos.

E então, como Hodges, eu me vi buscando revestir o que tinha visto com uma história que tinha ouvido.

A cabeleireira tinha vinte e poucos anos. Seu cabelo era vermelho, eu acho, com uma faixa verde no centro. Quando ela me rodeou com a tesoura, tive a impressão de que se tratava de um pequeno animal. *Corta, corta.* Ela continuou. A tia dela – *corta, corta* – tinha quebrado a perna poucas semanas antes do terremoto. E contou que a perna ainda estava engessada quando o terremoto destruiu o canto da casa onde ficava o banheiro. Então, *corta, corta,* ela não pôde mais usar o banheiro. Ela disse que a tia tinha feito um buraco no assento de uma cadeira de praia e a posicionado sobre um buraco cavado no quintal.

Eu estava na minha terceira ou quarta viagem ao centro da cidade, e não prestava mais atenção ao mundo do lado de fora da janela do táxi.

O motorista olhava toda hora pelo retrovisor para que eu o instruísse. Fiz sinal para ele passar pelo Daily Donut, com metade da frente destruída e um retângulo de céu onde a porta tinha sido arrancada, por um salão de massagem que era uma pilha de escombros com uma luz piscando ao lado de um cartaz escrito à mão: *Sim, continuamos abertos*. Avançamos na direção do leste, dos bairros muito afetados pela liquefação – um possível endereço para a história da tia da cabeleireira.

O táxi parou diante de uma fileira de lojas precárias. Parecia um bom lugar.

Saltei e comecei a andar, sem um destino certo, apenas tomando cuidado para não pisar no esgoto. As mesmas imagens se repetiam – abandono, todo tipo de ausência. Mesmo em ruas que não pareciam ter sido seriamente afetadas, novas indignidades tinham sido inventadas. Pessoas fizeram buracos nos gramados de suas casas para defecar, e se tivessem estômago para isso, defecavam em sacos plásticos, que podiam ser fechados e jogados nos depósitos de dejetos humanos, de um verde brilhante, espalhados ao longo das ruas.

Eu não tinha um mapa comigo, mas grande parte do lugar eu reconheci pelo que tinha visto na TV – as calçadas cheias de lodo, a lama imunda que cobria a entrada das casas, os gramados cheios de buracos, a ocupação precária de edifícios e casas populares. Espantosamente, as flores continuaram crescendo, apesar de tudo o que tinha acontecido. Uma robusta mulher polinésia estava ajoelhada no gramado, falando no celular e arrancando mato com a mão livre. Arrancar mato parecia algo muito estranho naquele momento. Tive vontade de dizer oi, de conversar com ela, de dizer alguma coisa. Não sabia bem o quê, mas estava pensando: "Era isso que as pessoas costumavam fazer." Agora parecia totalmente fora de propósito. As casas vizinhas estavam vazias, e sacudiam por causa dos geradores que funcionavam a todo vapor para limpar os canos enquanto as escavadeiras e niveladoras cavavam e nivelavam a rua.

Eu continuei, procurando um endereço para situar a história da cabeleireira. Andei em círculos por várias horas e finalmente me vi na orla, em New Brighton, e ali no calçadão me deparei com um sofá abandonado. Uma mulher idosa tinha se sentado nele para descansar. Um cachorrinho estava sentado aos pés dela. Observei esta cena das dunas de areia acima da rua até que, pela alquimia da imaginação, ela se transformou em outra coisa no meu caderno de notas. Este registro me capta descendo pela duna e atravessando a rua para me sentar no sofá ao lado de um homem imensamente gordo. Resolvi trocar o marido da tia da cabeleireira por um vizinho, um cara obeso cujo passado de homem magro tinha sido apagado e substituído por camadas de carne. Numa cidade devastada por um terremoto, um vaso sanitário improvisado é considerado um buquê. Na hora da necessidade, o homem gordo vai sair de sua casa vizinha à da mulher polinésia que eu tinha visto tirando mato do jardim, e vai se arrastar, ofegando e bufando, pela região patrulhada pelo exército de New Brighton para roubar uma cadeira de praia e então transformá-la num vaso sanitário para a tia da cabeleireira.

Ainda tenho anotações sobre isso. Nessa história, a consciência dele, alguns dias depois, faz com que ele deseje fazer uma reparação. O homem gordo se levanta de vez em quando do sofá para olhar para um lado e para outro da rua à procura da velha com o cachorro de quem ele roubou ou tomou emprestada a cadeira de praia para fazer o vaso improvisado. *Ele se sentou pesadamente. Ele sorvia o ar que vinha de um buraco entre madeiras quebradas. Os olhos acompanhavam o ar entrando em seus pulmões. Depois da quarta ou quinta respiração, seus olhos começaram a se mover e a perceber coisas. Eu me aproximei para ouvir o que o homem estava dizendo. Porque ele sussurrava como se não estivesse acostumado a ser ouvido.* Quando parou de falar, ficou sentado com os pés afastados e uma mão em cada coxa, com um sentimento inviolável de ocupação, como uma galinha chocando seus ovos.

⌒

Saí da praia e voltei, percorrendo os arredores da mulher que cuidava do jardim. As janelas refletiam a luz do final de tarde. Havia mais caminhões e niveladoras se movimentando. O barulho e o cheiro acre de lodo iriam me acompanhar até eu dormir naquela noite. Mas ali, no meio daquilo tudo, vi o pequeno jardim de rosas, e a mulher que eu tinha visto trabalhando depois dos abalos secundários cortando talos e cuidando dos canteiros. Foi extraordinário o bastante para eu tomar nota. Mas no dia seguinte a observação pareceu tola e sem importância. A parte comovente era a ideia da jardinagem como um ato de devoção. Mas não era isso que eu tinha escrito.

No entanto, assim como a visão de uma igreja ou de uma ruína pode lembrar outra, ver aquela mulher agachada diante do canteiro de flores me trouxe de volta a lembrança de outro gramado esburacado no final do verão, de janelas com uma luz ofuscante que impedia que um passante casual enxergasse o interior. Eu estava de volta à rua da minha infância, que não era muito diferente daquela onde a mulher estava cuidando do jardim, e que tinha a mesma calma preguiçosa.

Estou tentando me lembrar de outros acontecimentos, visões, pensamentos daquele dia passado nos subúrbios de Christchurch. A rua onde eu estava se chamava Eureka Street, quase cafona demais para mencionar, mas vou mencionar porque é verdade. Minha busca por uma casa onde situar a história da cabeleireira era uma espécie de eco da visão de Hodges com seu elemento imaginativo. Eu levava comigo a história da cabeleireira pelos mesmos motivos também – para obter perspectiva, para conceder autoridade a essa perspectiva, e para tornar mais verdadeiro o que eu tinha a dizer.

Eu podia sentir a história da cabeleireira começando a escapar entre meus dedos, e, quando voltei àquelas redondezas no dia seguinte, me vi procurando ansiosamente por algo que pudesse substituí-la, alguma outra fonte de autoridade, e ao ver o carteiro de bicicleta vindo da direção da escola primária, atravessei a rua para interceptá-lo.

A mulher que estava cuidando do jardim levantou a cabeça e olhou para trás. Ela devia estar prestando atenção em mim o tempo todo. Dois passarinhos pousados nos fios olharam para baixo. Pés cor de laranja, penas pretas. Eu me lembro de algo semelhante em outro lugar, entupido de concreto. O carteiro se aproximou na sua bicicleta.

Era a quinta ou sexta semana depois do terremoto de fevereiro e o momento em que ele tinha sido derrubado da bicicleta ainda estava fresco em sua memória. E, como eu pensei na hora, ele jamais o esquecerá. Talvez por isso ele estivesse disposto a conversar. Ele disse logo que aquela não era a sua vocação.

Ele tinha deixado um cargo de gerência – numa área que eu não consegui entender direito. Parecíamos ser da mesma idade. Imagino se foi isso que o encorajou. Ele estava há duas semanas no emprego quando ocorreu o terremoto, e nesta mesma rua. Ele fez uma pausa e nós dois contemplamos as colinas cor de canela no final da rua. Imagino que ele tivesse contado esta história muitas vezes. Sem dúvida ele a tinha revivido mil vezes.

Ele relatou devagar e com cuidado o instante em que foi derrubado da bicicleta e caiu de bunda na calçada. Quando levantou os olhos, a rua rolou para longe dele. Era uma força subterrânea, como uma cobra ondulante sob o betume. Quase no mesmo instante, o mesmo trecho de rua afundou numa água suja, cinzenta, cheirando a lodo. Foi quando ele ouviu o zunido. Olhou para cima e viu o último fio arrebentar, e quando os fios de alta-tensão tocaram na água do pântano que tinha subido com uma facilidade surpreendente, o ar ficou de um azul elétrico. Fiz algumas perguntas, e depois mais algumas. Ele repetiu o que já tinha me contado, mas gostei de ouvir de novo. Da primeira vez foi algo tão extraordiário de ouvir que eu tive que me concentrar em guardar o que ele dizia. Ele não se importou que eu anotasse. Não perguntou por que eu estava fazendo aquilo. Mais dois pássaros tinham se juntado aos outros dois no poste. O carteiro olhou para mim, com as duas mãos no guidom. Mas eu não podia deixar que ele fosse embora ainda. Deveria haver mais coisas. Então pedi a ele para descrever o efeito dos fios de alta-tensão tocando na água, e ele tornou a dizer que o ar ficou azul. Na pausa seguinte, nós contemplamos o trecho mais próximo de rua. Estava cinzento, intacto, um desmentido à dissolução do mundo cuja descrição eu tinha acabado de ouvir. O carteiro deve ter pensado a mesma coisa, porque ele repetiu o trecho sobre a rua rolando para longe dele e a súbita e espetacular erupção da água lodosa. Ele ergueu os olhos para os fios de alta-tensão. Dois dos pássaros olharam interrogativamente para nós. Do outro lado da rua a mulher se levantou e gritou para um garotinho sair da água suja do esgoto. O carteiro empurrou a bicicleta um pouquinho para a frente. Eu não consegui pensar em outra pergunta. Então uma caminhonete branca diminuiu a velocidade e parou. Uma mulher baixou o vidro do motorista e gritou um endereço. O carteiro tomou nota, e a mulher foi embora. Agradeci a ele e, quando cheguei do outro lado da rua, o homem gordo já havia me abandonado para sempre. Ele simplesmente flutuou para fora do meu cérebro como um grande dirigível de propaganda. Eu me lembro de ter me sentido estranhamente leve e aliviado, tão tolo quanto uma pluma, porque agora eu podia cessar minha busca por um endereço para ele e para a tia e abandonar as anotações que tinha feito do ponto de vista dele.

Uma tarde me vi na Barbadoes Street, no centro da cidade, avaliando os estragos causados na Catedral do Santíssimo Sacramento. Era uma visão devastadora, mas ainda conservava traços de beleza. Um cordão de isolamento tinha sido colocado em volta dela. Então andei de um lado para outro em busca de ângulos diferentes. Na tarde de outono, ela se iluminava com o esforço corajoso de uma beleza esmaecida. Contei quinze contêineres de navio colocados um em cima do outro para escorar o lado que dava para a rua, amortecidos por fardos de feno. Na ponta de um guindaste, uma plataforma carregada de pedreiros se balançava sobre a cúpula da catedral.

Pedra por pedra, a basílica estava sendo desmontada para ser refeita. Cada pedra era pintada com um número e colocada com cuidado em plataformas móveis espalhadas no chão nos fundos do edifício. A nova versão da basílica a manteria fiel ao passado. Provavelmente, com o tempo, ela ficaria perfeita, e seria impossível saber o que ela havia sofrido. Ela daria a feliz impressão de estar fora da história.

Enquanto fiquei ali parado atrás do cordão de isolamento, pedestres iam e vinham. Carros estacionavam. Pessoas saltavam com câmeras fotográficas. Uma mulher jogou migalhas de pão para os pombos que tinham se instalado nos fardos de feno. Eu me dei conta do movimento, mas estava mais interessado nas pedras numeradas, em sua sequência cuidadosamente preservada em termos de lugar e adequação.

Em repetidas visitas a Christchurch naquele inverno, eu sempre parecia acabar na Barbadoes Street. Era como se uma contracorrente estivesse sempre me levando de volta.

Continuei pensando naquelas pedras numeradas, até que um plano começou a tomar forma. Fiquei imaginando se poderia relembrar e recuperar algo do meu próprio passado, e reagrupá-lo como estava sendo feito com a basílica. Era preciso ver se restavam algumas pedras do edifício original, e onde eu poderia encontrá-las.

Olhei para as pedras na plataforma e depois para os buracos de onde elas tinham sido tiradas. Meus pensamentos se deslocaram de uma forma surpreendente, e pela primeira vez em muito tempo eu me vi pensando na epilepsia da minha irmã mais nova, Lorraine.

Seus ataques eram chocantes de ver – mesmo pela sétima ou oitava vez. Ela se debatendo no chão da cozinha, espumando pela boca. Da primeira vez, eu me escondi atrás da porta do banheiro, ouvindo os calcanhares dela batendo no chão.

Como aconteceu com minha primeira ida ao açougue, eu não estava mentalmente preparado. Tinha 5 ou 6 anos, e o barulho do outro lado da porta era assustador. O som agudo que ela emitia era como o de uma agulha emperrada num disco de vinil.

Finalmente ela parou, e eu espiei pela porta e vi minha irmã sentada no chão, Mamãe agachada ao lado dela. Ela tem espuma em volta da boca. Tem um olhar distante. Ela ainda não voltou de onde quer que tenha estado. Eu posso dizer pelos olhos dela que ela não faz ideia de que está babando. Ela ficaria horrorizada se soubesse. Ela ainda está voltando a ser ela mesma. É uma coisa estranha de ver, é como ver uma flor se abrir em câmera lenta. Acho que minha mãe não sabe que eu estou ali.

Os ataques costumam ocorrer de manhã cedo. E como Lorraine sai cedo para trabalhar, geralmente eu ainda estou na cama quando a porta bate – a hora, é claro, é reveladora – e eu ouço a voz educada de um estranho.

Ela teve outro ataque, desta vez na estação de trem, e na porta aberta minha irmã está com a cabeça apoiada no ombro do homem.

Depois de tomar uma xícara de chá e comer alguma coisa, minha irmã aos poucos vai se recuperando. Ela abotoa o casaco e fica parada na entrada, pronta para recomeçar a viagem até seu emprego num laboratório de revelação de fotografia no centro da cidade.

Um gráfico de atividade sísmica se parece muito com a tomografia de um cérebro humano quando ele está tendo um ataque epilético. As ondas estáveis de repente sobem vertiginosamente.

Nunca sabíamos quando viria o ataque. Algo que habita dentro dela – um espírito maligno, como se pensava na Idade Média – decide quando vir. Minha irmã está passando manteiga em sua torrada. Mamãe está olhando para ela de uma certa forma, como se este exercício de controle e normalidade fosse quase uma anormalidade, sabendo que outro momento definidor está sempre ali, esperando para sacudi-la.

⌒

A fotografia na minha escrivaninha na fábrica de sapatos é de uma estrada de interior, perto de Christchurch, destruída no dia 4 de setembro de 2010, ao longo da falha geológica de Darfield.

A árvore na foto parece estar totalmente alheia ao acontecido. Conserva com sua obstinação um senso soberano de posse num mundo destruído.

O foco principal do fotógrafo, entretanto, é um menino agachado ao lado da enorme fenda na estrada. Ela parece uma ferida feita por um cutelo. O menino espia para dentro das profundezas da terra, agarrado na saia da mãe. Uma mulher jovem com o olhar sofredor de uma professora que não consegue dar aula numa turma problemática chegou com o pneu dianteiro da sua bicicleta na beira do abismo. Eu imagino que ela seja uma professora – pela maneira como ela se inclina sobre o guidom, procurando por algo que já conhece. O mesmo não pode ser dito do menino. Ele acabou de perceber a realidade impactante de um mundo enrolado e muito frágil.

⌒

Fico estarrecido com o fato de que nenhum dos meus irmãos, eu inclusive, jamais tenha feito perguntas que pudessem revelar o passado dos nossos pais. Mas muito pouco nos foi oferecido.

No entanto, ardilosamente, muito pouco significou na verdade alguma coisa. Foi a ausência que incentivou um respeito excessivo por nossas circunstâncias atuais e o que elas significavam. Recordar ia contra o progresso, uma atitude mais comumente associada a antepassados pioneiros que conciliavam impulsos de destruição com uma necessidade de criar.

Christchurch escorava-se nos mesmos alicerces. Ela tinha se desenvolvido a partir de um esquecimento proposital do que havia sob ela. Pântano. Turfa. Água represada. Cascalho de rio. E antes que especialistas surgissem para lembrar a todos que o topo do campanário da catedral anglicana da praça tinha caído três vezes em terremotos anteriores, a ideia de que a cidade estava assentada sobre uma região com uma história movimentada de abalos sísmicos tinha sido convenientemente esquecida.

Mas a água tem uma memória. Esta foi uma das lições mais devastadoras do terremoto, e foi ilustrada graficamente num vídeo do YouTube. Um homem coloca num carrinho de mão uma porção de solo mais ou menos sólido. Ele começa a empurrar o carrinho por uma estrada de terra desnivelada e em vinte segundos a lama cinzenta se transformou em líquido.

Foi isso que aconteceu com o solo onde ficavam as fundações dos prédios da cidade durante o terremoto. Em poucos minutos, uma história de turfa e pântano inundou a paisagem que acreditava ter drenado o seu passado.

Crescemos sem conseguir saber muito sobre os nossos pais. Não havia nenhuma grande narrativa a que se apegar, nem histórias repetidas de geração em geração até elas adquirirem sua própria verdade. A única história mais próxima disso era sobre o meu irmão mais velho, Bob, que atirou no próprio pé depois de passar a noite caçando coelhos, um acontecimento descrito repetidamente como um episódio muito engraçado.

Talvez houvesse mais o que contar se mais tivesse sido compartilhado, se perguntas tivessem sido feitas, se informações tivessem sido fornecidas e passadas adiante no momento em que surgiram na memória. Mas o traço da família era o silêncio. Enormes guirlandas de silêncio foram enroscadas ao redor de nossas vidas e socadas nas janelas e corredores da casa dos nossos pais. Isso é que foi absorvido, e falando por mim mesmo, isso e uma habilidade muito aguçada em medir a densidade do ar da sala, que a qualquer momento podia explodir com a batida de uma porta. Alguém tinha se ofendido com algo que fora dito – geralmente minha mãe. Uma observação aparentemente inocente feita por alguém que estava comentando sobre o tempo horrível que fazia levou-a a dizer: "Bem, eu não tenho culpa disso." Agora muitas xícaras de chá teriam que ser levadas e dias de penitência iriam ser pagos em silêncios que não seriam quebrados enquanto minha mãe não saísse do quarto.

Nunca me ocorreu perguntar ao meu pai se ele se lembrava como era a mãe dele, ou se tinha alguma lembrança do pai, ou em quantas casas ele tinha morado quando era criança. Ele falava sobre o tempo que passou nas minas de ouro, e eu sabia – sem saber como ou por quê – que ele era politicamente ativo aos 30 anos. E anos depois, quando alguém que o tinha conhecido na fábrica Wormald, em Naenae, disse que ele era um "puta militante", fiquei contente em ouvir isso, porque era um lado dele que eu nunca tinha visto. Também soube que ele costumava organizar reuniões políticas na nossa cozinha e que o Partido Trabalhista uma vez convidou Papai para se candidatar por Hutt Central, mas ele não quis porque mal conseguia juntar duas palavras. Por quê? Ninguém perguntou nem apresentou nenhum motivo. Papai era assim, como as colinas cobertas de tojos que nos cercavam, um tanto rudes, mas capazes de florir. Sua habilidade com a língua melhorou depois que a primeira esposa de Bob, Ginny, uma mulher metade maori, com uma bela voz, deu aulas de dicção para Papai. Mas nessa altura ele já tinha mais de 50 anos.

Eu não consigo mais ouvir a voz dele. Consigo ouvir a voz da minha mãe, mas muito pouco, só um sussurro, a cabeça inclinada para um lado, de um jeito indagador, desconfiada de estar sendo enganada. Mas a voz de Papai desapareceu. Resta uma fotografia para representá-lo. Seus olhos são redondos e parados, como cavernas formadas pelo vento. Não consigo ouvi-lo, em parte porque tem sempre um cigarro em sua boca.

Geralmente ele está parado perto da pia da cozinha, olhando para a rua. Humor e linguagem movimentando-se de formas diferentes. E em seguida a esta cena geralmente vem outra lembrança dele, num bar em Kings Cross, Sydney. Eu tenho 12 ou 13 anos; estamos a caminho de Surfers, mas primeiro temos que passar uma noite em Cross. E, insistentemente, um americano alto e forte, com seu cheiro de loção de barbear, seus olhos inquietos, e seu desespero para convencer meu pai, aluga os ouvidos de Papai e Mamãe. "Você sabe quantos soldados temos lá no Vietnã?" A voz dele aumentava o volume diante da coisa estupenda que estava prestes a revelar: "Quinhentos mil." Minha mãe reage do seu modo costumeiro, com desaprovação, não pela informação, mas pela intromissão, pela companhia indesejada. Não é o engajamento político que ela teme, mas qualquer tipo de engajamento. E, além disso, o homem está cheirando fortemente a uísque. Ela comprime os lábios e desvia os olhos para se perder na fumaça. Um homem corpulento, apertado num terno preto, sorria e suava sobre um piano. O americano se inclinou para a frente para conseguir a atenção do meu pai. "Quinhentos mil homens." Ele parecia perplexo com a informação que ele mesmo estava fornecendo.

⌒

As bases tomam muitas formas – textura, linguagem, herança, direitos. Algumas coisas são fortes o bastante para serem lembradas, enquanto que outras caem no esquecimento. Nosso mundo tempestuoso aos poucos deu lugar a outro. Eu via não tanto as coisas que permaneceram em pé, mas os espaços vazios e as fissuras. Como o menino da fotografia, eu me concentrei num portal de memória que, em diferentes momentos, mostrava alguns incidentes de forma extremamente detalhada e outros que tinham sido descartados, mas que permaneciam desafiadoramente no mesmo lugar, como que esperando para serem içados do abismo onde ficam todas as coisas perdidas.

Algo ficou claro. A sequência usada pelos pedreiros na basílica não estava disponível para mim. Nem todos os pedaços tinham sido encontrados. Entretanto, uma imagem começou a surgir do mundo que eu tinha achado, como acontece com um imigrante ao avistar os promontórios ao longe pela primeira vez, antes de passar por eles e considerá-los conhecidos.

DOIS

A RUA DO LADO de fora da casa na Stellin Street, 20, Lower Hutt, foi meu primeiro horizonte. As latas de lixo no final da rua eram os promontórios para onde eu me dirigia todo dia em busca de vida.

Mais um recém-chegado – um garoto da minha idade pré-escolar – vem cambaleando na minha direção. Ele escapou da casa do outro lado da rua. Uma mulher enorme aparece no portão da casa dele. Uma mulher imensa, com o cabelo pegando fogo, os olhos grandes e arregalados. Assim que ela grita, o garoto começa a correr com suas perninhas curtas e rechonchudas. Ele é facilmente alcançado e levado de volta para o outro lado da rua. Ele só torna a mostrar a cara um ano depois.

A princípio, meus olhos são atraídos por aquelas coisas que como eu são um tanto estúpidas, talvez um pouco vulneráveis e sem juízo, como os cachorros que estão deitados na rua. De má vontade, eles se levantam para deixar passar um carro, depois andam em círculos, até tornar a se deitar. Por ora, a rua marca o limite do mundo conhecido.

Eu me vejo esperando – interminavelmente – que aconteça alguma coisa.

Então escuto. Um ruído de pneus seguido por um ganido horrível. Eu espero – controlando o medo crescente. Então saio da cama, corro pelo corredor e abro a porta a tempo de ver um homem jogar cuidadosamente um saco por cima da cerca viva.

O último cachorro também foi atropelado, assim como o seu antecessor. Mas conheço a solução. Vamos comprar outro cachorro logo e dar para ele a casinha e um cobertor sem pulgas e continuar a vida como antes.

O primeiro cachorro que meus pais compraram para mim foi um pequeno terrier, do tamanho de uma bolsa. Eu o colocava dentro da camisa e punha a cabeça dele para fora do botão de cima para ele poder ver o mundo. Ele ficava tão excitado que seu corpinho tremia e eu sentia o quente gotejar da sua urina. Ele lambia meu rosto de tão grato que ficava por eu permitir que ele urinasse na minha barriga.

Um por um, meus cachorros são atropelados. Quase não tem trânsito na rua, e esse é o problema. A passagem de um carro não é levada a sério, então os estúpidos abanadores de rabo ficam em pé e olham para o para-choque que se aproxima. No Mundo dos Cães, a rua pertence a eles, um princípio que eles entendem, mas que ninguém mais entende.

Em 1960, tenho 5 anos. É uma longa espera até que um carro passe. Então, de vez em quando, penso em checar o estado de deterioração do ouriço. Ele foi atropelado alguns dias antes. Então havia um pouco mais dele. Uma coisa preta e gosmenta. Passado um dia, ele tinha a metade do tamanho do dia anterior. Era como se o ar tivesse saído dele. Depois ele ficou achatado. E logo tinha desaparecido quase completamente, levado pelos pneus. O cheiro também desapareceu. Houve um dia de chuva, e, quando eu tornei a olhar, o ouriço era uma pequena mancha na rua.

Desde então, eu não gosto mais de olhar. De fato, resolvi não olhar mais. Em algum estágio da lenta estripação, aquilo me repugnou. O estado do ouriço me provocou uma sensação de nojo. Então, se eu não olhar, vai ser como se ele não estivesse ali. E como eu prefiro não me sentir do jeito que me sinto quando olho, então não olho. Ao fazer essas escolhas, estou aos poucos me formando. Mas em que se baseiam essas escolhas? Eu poderia ter achado um pauzinho e, enquanto o ouriço ainda era uma bola de espinhos possível de ser removida, ter empurrado a carcaça para dentro do bueiro. Mas não fiz isso. Escolhi olhar para o outro lado, e essa decisão se encaixava perfeitamente no clima de esquecimento que irá se infiltrar vagarosamente em mim.

No capim alto sob o varal, encontro uma velha luva de boxe. Deus sabe como ela foi parar lá. Olho para o céu. O couro é duro como um cocô de ovelha no final do verão. Tenho que fazer força para enfiar a mão nela, e sinto a resistência da luva. Sua última lembrança é da mão de Bob, à qual ela se moldou, mas no fim eu venço com minha persistência, e então, depois de ter amarrado o cordão, ela começa a se ajustar, até dar a impressão de que nunca conheceu outra mão a não ser a minha. A luva tem uma história – uma história violenta, impiedosa. Não me importo com isso. Só estou contente por ela caber na minha mão. Há aquele incômodo inicial, mas ele passa logo. E fico com a sensação surpreendente e maravilhosa de que foi aberto espaço para mim.

Meu quarto na Stellin Street, 20 já tinha sido do meu irmão, mas não consigo encontrar nenhum traço dele lá. Ele é dezessete anos mais velho que eu e já saiu de casa há muito tempo.

Também é difícil acreditar no que me contaram sobre Vovô, o vendedor de livros, que ele morreu ali. Eu me lembro do ouriço, e o modo lento como ele foi desaparecendo da rua, e olho com mais atenção para as paredes, para os velhos furos feitos com pregos e para os espaços mais claros, onde havia coisas penduradas.

 Quando foi que eu reparei pela primeira vez nos meus irmãos? Suponho que um dia levantei os olhos do tapete que ocupava minha atenção e lá estavam eles – pernas, pés apressados, os nomes deles, Pat, Bob, Bárbara, Lorraine, e medidas datadas e registradas no batente da porta do banheiro.

 A caminho da cama, toda noite eu olho para uma foto de Pat, Bob e Bárbara tirada numa rua da cidade. Eles são jovens como nunca os vi, e estão usando roupas que parecem de um outro século. A menor na foto, Bárbara, não parece muito mais velha do que os meus 5 anos. Lorraine ainda não tinha nascido. Estou esperando na fila atrás dela. O que eles estavam fazendo naquele dia, e por que a foto foi tirada? Tem outra foto na parede – do meu irmão olhando entre duas luvas de boxe erguidas como se fossem patas.

 Ele não mora mais conosco. Não faço ideia de onde mora. Ele aparece para o almoço de domingo e depois vai embora, e não aparece mais durante a semana.

 Mas vejam o que ele deixa perto do telefone. Pedaços de papel com números de telefone rabiscados e envelopes cobertos com desenhos de pés de lutadores de boxe em diferentes ângulos de ataque e defesa. Os desenhos agora parecem mais estranhos ainda por causa do efeito desencarnado deles – as botas de cadarço, o início das canelas, e depois as pernas desaparecem. Mas passei a esperar por eles e a procurá-los quando ele ia embora, porque eram tão previsíveis quanto cocô de cachorro nos gramados ao longo da rua.

Aparentemente, todas as três irmãs são bonitas. Eu não teria reparado nisso. Mas os namorados ligavam o tempo todo ou apareciam de surpresa na porta. Sempre que eles aparecem, Papai se enfia em suas fileiras de repolhos nos fundos da casa. Uma irmã que é dada a ataques de pânico se esconde debaixo da cama sempre que um certo cara aparece na porta. Aí minha mãe grita para Papai entrar em casa e tirá-la dali. Já o vi fazer isso. Ele fica de quatro e a cutuca com a vassoura. A mesma vassoura que ele quebrou nas costas do meu irmão uma noite, depois de um aborrecimento na hora do jantar. Alguém tinha dito alguma coisa.

E então, uma por uma, elas vão embora. Primeiro Pat, depois Bárbara, que vai morar em Roma e trabalhar como datilógrafa para um romancista americano, até que só restam em casa eu e Lorraine.

Cartões-postais do Ceilão e de lugares com nomes exóticos chegam na nossa caixa de correio. Eu me lembro de um de Alexandria, com crianças da minha idade com os pés descalços e vestindo pijamas. A rua parece de terra. Mal se vê um pingo de concreto. Meu pai segura o cartão-postal com suas mãos grossas, deixando cair cinzas sobre ele enquanto examina a imagem e sacode a cabeça. Eu sei o que ele está pensando. Os pobres infelizes sem sapatos, vestindo pijamas.

Contudo, existem coisas normais e seguras para ver. A caixa de correio. A cerca viva. E a estranha visão do menino mentalmente retardado que mora numa casa na esquina da Taita Drive comendo nossa cerca dos fundos, até que isso deixa de ser estranho e passa a ser rotineiro, da mesma forma que as nuvens e as árvores e os cachorros cagões.

Então, um dia, aconteceu uma irregularidade. O "retardado" veio até a porta da frente. Consigo ver a sombra pelo vidro no final do corredor. Isto é completa e perturbadoramente fora do comum. Eu só o vi até agora comendo a cerca dos fundos e, de modo preocupante, ele agora está na porta da frente. Eu me escondo atrás da porta no final do corredor e ouço Mamãe dizendo a ele com uma voz firme para dar o fora e voltar para casa. "Anda logo. Vai." Ela nunca diz isso quando ele come a cerca, o que nós consideramos algo normal diante do seu traumático e inesperado surgimento na porta da frente.

Deus sabe o quanto eu gosto dos tijolos de que é feita a nossa casa. Eles têm uma forma linda e são quentes como o pelo de um cachorro no verão, uma companhia perfeita para mim e minha bola, e são seguros. Quando o vento sopra, a casa não se mexe. Tijolos protegem você. *Anda, pode soprar, seu desgraçado.* Isso é meu pai falando na direção da janela. A história dos Três Porquinhos está por vir, e quando eu a escuto, sentado num tapetinho na escola, o rosto animado de Papai surge em minha mente, me assustando, e eu me levanto do chão, espantado com esta colisão de mundos, e a professora olha para mim com o olhar indagador que ela normalmente reserva para o menino que sempre faz xixi na calça.

O maior e mais influente lugar em que já entrei na vida foi o Ministério de Obras. Não sei disso naquele momento, com minha atenção voltada para o calor das ruas e calçadas que, até onde me contaram, estavam ali há mil anos. O Ministério de Obras está encarregado de distribuir concreto. Tem um outro doido na Taita Drive – um ejaculador catatônico, de quem, assim como da aranha de costas vermelhas, fomos avisados a manter distância. O Ministério de Obras é mais seletivo com seu fluxo do que o homem catatônico, que eu fico sabendo tratar-se de alguém que "não comanda a sua memória". Eu o vi resmungar algo que um garoto mais velho, que mora três casas depois da minha e que parece saber tudo, diz ser um palavrão em italiano. Nunca sabemos o que o catatônico irá cuspir em seguida. Isso não acontece com o Ministério de Obras. Ele despeja concreto com uma capacidade interminável e surpreendente, e o mundo aos poucos vai sendo moldado por cima de musgo e argila.

A divindade Ministério de Obras é reverenciada de várias formas. A Stellin Street, por exemplo, recebeu este nome em homenagem a um representante local. A escola primária que eu frequento tem o nome de um secretário de obras, assim como a rua que circunda a escola, com suas fileiras de casas populares que imploram por um visitante.

A falta de ocupação, a constância do vento, as fantásticas realizações do Ministério de Obras, e o silêncio – tudo isso forma as condições da nossa vida diária.

Vão se passar muitos anos até eu ouvir o nome de Ernst Plischke. Entretanto, as impressões digitais dele estão por todo o meu mundo. Plischke, um notável arquiteto vienense que passou os anos de guerra trabalhando para o Ministério da Habitação, influenciou enormemente nosso espaço interior. Ele e sua esposa judia tinham vindo para o lugar do planeta mais distante do conflito na Europa e não perderam tempo para nos contar o que tínhamos deixado de ver e avaliar sozinhos. Ou seja, éramos banhados de luz o ano inteiro, então por que não deixar essa luz entrar em nossas casas? Como muitas ideias novas, essa logo se tornou óbvia. Nossas casas foram deslocadas para olhar para o norte e as janelas foram alargadas para o mundo poder entrar em nossas vidas. Pela primeira vez, foi possível estar no limiar da nossa existência interior e exterior, ocupar dois lugares ao mesmo tempo. Mamãe podia descascar legumes e olhar pela janela para se certificar de que eu não me enforcava na corda amarrada no carvalho que tínhamos no gramado na frente da casa.

Com o passar do tempo, deixo para trás as latas de lixo e passo a caminhar até a leiteria que ficava no final da rua. Um ou dois anos depois, quando estou com 7 ou 8 anos, mais uma promoção, e eu sou autorizado a ir um pouco mais longe, até a Piscina Olímpica de Naenae com minha sunga e minha toalha debaixo do braço. Sigo os trilhos do trem até a Oxford Terrace e perto do centro comercial de Naenae pego uma passagem subterrânea fedendo a mijo que passa por baixo dos trilhos e saio no cenário de Plischke baseado numa praça europeia, que ele tinha projetado para encorajar "encontros casuais".

Atualmente, uma Cash Converters ocupa a loja onde Papai comprou minha primeira bicicleta (de segunda mão, mas recém-pintada). O cinema agora é um centro médico e exibe orgulhosamente um mural da nova comunidade – rostos da Etiópia, da Polinésia e da Ásia que nunca tinham sido vistos e dos quais nunca tínhamos ouvido falar em 1960, e pregado na extremidade está o rosto afável do próprio Plischke. No início dos anos 1960, ele voltou para a Europa, decepcionado com o fato de suas grandes ideias terem perdido a força por causa dos burocratas intrometidos, decepcionado com a falta de escala.

Desde então o espaço ficou menor ainda, tornou-se pior. Os grafiteiros chegaram, como era de esperar. O relógio da torre, que um dia pareceu tão majestoso, perdeu a majestade. Uma camada de tinta cobre as pedras do prédio. Isso dá conta do recado, o que é tudo o que o Ministério de Obras pretende, mas ao mesmo tempo infantiliza e deprecia qualquer pessoa com mais de 9 anos.

As ruas ao redor da praça são um emaranhado de zigue-zagues, ângulos retos, curvas suaves que continuam até se alcançar magicamente um círculo completo, e becos sem saída que no fim das contas não são sem saída, a não ser que você esteja de carro. A pé, como quase todo mundo andava quando essas ruas foram projetadas, passagens entre as casas funcionavam como saídas. Você pode não saber exatamente onde está, mas, quando compreende que cada rua vai dar em outra, você nunca se perde. Você está simplesmente a caminho de algum lugar. Você pode se sentir perdido, mas o sentimento é temporário. O segredo é não parar. Logo tudo vai se esclarecer.

⁓

O processo de concretagem tem dois objetivos. Enquanto é espalhado, o concreto emite por meios secundários e não identificáveis um silêncio tremendo. E com esse silêncio vem o tipo de calma que só um vale arborizado intacto por milhares de anos conhece. O silêncio é enganoso, fraudulento. O concreto não consegue esconder tudo. Certas coisas vazam. Segredos. Pistas apontando para pequenas tragédias botânicas. A magnólia com suas flores manchadas de ferrugem. A cerca viva que é tão brilhante e verde e atenta aos nossos pensamentos, mas que no final do verão cheira a podre.

Cheguei num lugar muito silencioso. Muito silencioso e muito parado. Os gerânios no parapeito da janela nos fazem querer sorrir e perdoar o silêncio. Entretanto, quando o silêncio não consegue mais suportar a si mesmo, começa a ventar. As folhas flutuam no ar e caem num lugar novo. As árvores normalmente não rugem; os beirais dos telhados normalmente não assobiam. Mas como um carro sendo ligado no meio da noite, essas perturbações passam e tudo torna a se acomodar em seu silêncio espantoso.

Vi trutas paradas no meio da correnteza. Da mesma forma, o mundo passa sobre mim. Grandes porções de céu passam flutuando por mim, e este enorme silêncio.

De vez em quando, um carro passa e deixa um leve cheiro de gasolina no ar. Talvez da próxima vez o motorista irá acenar.

Quanto a outros sinais de que coisas passaram por aqui, há o tapete gasto da sala que meus joelhos conhecem bem e o som e o cheiro da água suja da louça. Há os barulhos familiares de sempre: o som ritmado da máquina de lavar roupa, o som dominador e maníaco do telefone, que faz todo mundo pular. Como nunca é para mim, fico perto do visor da máquina de lavar, vendo calças de pijama rodando. Um grande peixe flutua pelo vidro da janela. É o chinelo que eu estava usando quando pisei sem querer em cocô de cachorro.

Na casa de um vizinho, sinto cheiro de um tipo de verde que não consigo identificar. É um cheiro de sombra e refinamento. Se eu fechar os olhos e tentar com afinco, consigo voltar a senti-lo – ou a sensação dele, a surpresa que ele causa. Descrevê-lo é mais difícil. Quero usar a palavra "tecido escocês", mas tenho preguiça, e desconfio que estou tentando introduzir uma coisa conhecida em vez da experiência original que, por assim dizer, alertou-me para o vestígio de algo que não estava claramente presente no cômodo. Este cheiro verde de privilégio. Um verde Wolseley.*Veado. Um cômodo com chifres na parede. A sombra que mencionei. Havia verde por toda a rua – nos gramados, nas cercas vivas, nas árvores e até nos carros que passavam, e ocasionalmente numa es-

---

* O irlandês Frederick York Wolseley revolucionou a indústria de fabricação de lã da Austrália. (N. da T.)

colha infeliz de roupas. Mas especialmente nas árvores – um verde grudento que depois eu arrancava dos dedos. O verde dos nossos vizinhos cheirava ao mesmo tempo distante e familiar. Ou será que quero dizer familiarmente distante? Sempre que visitava os vizinhos, sentia esse cheiro, mas só na sala de visitas que era um "vale" ou uma "clareira". Tinha visto as duas palavras em etiquetas de coisas. De uma garrafa, e de alguma outra coisa, não me lembro o quê, mas alguma coisa bastante inesperada. Não havia nada parecido com esse cheiro verde específico em outro lugar de nossas vidas. Mais tarde, voltando para casa da Piscina Olímpica de Naenae, quando o calor do dia amainava, sentia o cheiro cinzento de piche que vinha da rua, e em algum momento percebi que tinha aprendido a cheirar o tempo.

Outros cheiros dignos de nota: o cheiro de cigarro do meu pai passando no corredor ou depois de ter se sentado *naquela* cadeira, estado *naquele* lugar e, acima de tudo, o cheiro de carne assada – o ar dentro da cozinha impregnado dele.

Há utensílios de cozinha relegados ao esquecimento, o moedor de carne, um utensílio bonito e complicado. Desmontá-lo e limpá-lo para tirar todos os vestígios de carne e depois tornar a montá-lo é o ponto alto de lavar a louça. Ele fica preso na ponta da bancada e mói os restos de carne que Mamãe transforma em rissoles, muito gostosos com uma gota de molho de tomate. O mundo está mudando e a memória tem que se apressar para se manter atualizada. No caso dos meus pais, a memória já desistira há muito tempo dessa empreitada.

Quando pergunto a Papai o que costumava cobrir as encostas antes dos tojos, espero até ele enrolar seu cigarro, e depois acendê-lo e tragar. Depois que a fumaça sai por sua boca, ele acha melhor dar uma olhada nos morros, e eu tenho a sensação breve de ter apontado para uma parte da paisagem que não existia quando ele a olhou da última vez, era como se os morros tivessem aparecido durante a noite. Ele olha para longe, como faz na praia. Os morros. Sim. O que costumava cobri-los? Ele tira o cigarro da boca como se isso pudesse atiçar sua memória. Ele olha com mais atenção. A encosta brilha com um amarelo triunfante, como se quisesse ser ainda mais amarela. Papai tem um ar pensativo – alguma informação útil está a caminho –, mas acontece dele só estar imitando uma pessoa refletindo profundamente, ou alguém tentando recuperar uma lembrança ou expelir uma informação, porque ocorre que ele também não sabe.

Então ele repara nas latas de lixo. O rosto dele se anima. Por que eu não as recolhi? *Pelo amor de Deus*. Essa é minha responsabilidade. Pôr para fora as latas de lixo quando a tampa espreme embrulhos de jornal cheios de restos de animais, e depois levá-las de volta para dentro quando estão agradavelmente leves e podem ser facilmente erguidas até suas orelhas de abano e carregadas uma em cada mão. E depois o som aprazível das tampas se fechando e tapando o cheiro de podridão e imundície.

Depois das latas de lixo, subo na minha bicicleta e sigo as gaivotas a caminho da parte mais alta de Wingate, onde escalo as montanhas de sujeira. A lama é grossa, insalubre. O cheiro de desinfetante fecha a garganta.

Nada disso é visível da rua onde Papai e eu olhamos para as encostas cobertas de flores amarelas. De alguma forma, um lugar consegue se manter escondido do outro.

Máquinas trabalham comprimindo tudo, enterrando o lixo cada vez mais fundo na paisagem. É difícil acreditar que o tojo possa prosperar, que uma única flor seja capaz de nascer desse húmus fedorento.

Existem pinturas – naquele tempo desconhecidas, é claro; mas também eu nunca desconfiei que aquele passado existisse – de magníficas florestas de pinheiros erguendo-se ali no topo, crescendo sobre dobras e elevações da paisagem e preenchendo o chão do vale. E, além disso, eu nunca tinha ouvido falar num pintor, em nenhum pintor, aliás, chamado Samuel Charles Brees, que um dia tinha estado com seu cavalete onde eu estou, no topo, olhando para baixo, para a boca arreganhada de um animal impossível de identificar, saindo de baixo das camadas de jornais velhos e revistas masculinas.

∽

Na Stellin Street, 20, pouco se sabe a respeito das coisas, com exceção de soldagem, tricô, rúgbi, e a hora certa de plantar repolhos e estocar tomates. O resíduo de memória familiar é pequeno. Uma parte permanece. Mas é como aprender um fato isolado, como, por exemplo, que Moscou é a capital da Rússia. Um avô era de Pembroke Dock. O pai verdadeiro de Mamãe era um fazendeiro, mas nós nunca ouvimos pronunciarem o nome dele. A mãe de Papai morreu de hidatidose. A mãe de Mamãe, Maud, a "megera horrorosa" – guardei isso –, escolheu entre seu homem, às vezes descrito como um comerciante de couro ou jardineiro, e sua filha de 4 anos, e abandonou Mamãe. Parte disso é boato, não chega a ser informação, mas umas poucas palavras escapam, algo que não era para ser falado, e então uma onda varre a praia removendo os vestígios da pegada onde eu tentava enfiar meus dedos.

Na escola, quando me perguntam de onde eu venho, respondo com o nome da minha rua e o número da caixa de correio. A professora sorri. Ela me adora. Sou tão inteligente.

Aí eu ouço alguém rir com deboche e percebo que dei a resposta errada.

A pergunta tinha outro significado. Mas graças à Maud, ao fazendeiro misterioso, ao homem de Pembroke Dock que morreu afogado no mar e à mulher que morreu de hidatidose, eu cheguei num mundo esburacado.

Mas existem mundos dentro de mundos, e a transição de um para outro pode ocorrer com incrível facilidade.

Do tapete gasto, passamos para os velhos platôs de areia que vão até a beira do mar. Uma curta viagem de carro é necessária, mas os dois lugares têm a mesma sinuosidade e a mesma sensação de velhice e deterioração.

Cada platô de areia representa uma elevação. Anos, milênios desmoronam dentro dos nossos sapatos quando caminhamos e deslizamos na direção da beira da água.

Papai, com sua franja na careca, atrapalha-se com seu cigarro no vento. Sozinho nas pedras, ele parece algo trazido pelo vento que fica preso nos galhos espinhosos dos arbustos que se autorreproduzem acima da linha da maré alta, debaixo da encosta desgastada pela erosão, que assusta minha mãe sempre que ela passa por ali. Eles discutem a respeito disso, é claro. O que há para temer? Basta Papai dizer isso que ela levanta os olhos para o despenhadeiro e eu vejo que vamos ser soterrados pela encosta se ficarmos ali. Ele ri e joga fora a guimba do cigarro, depois para no lugar mais perigoso para olhar para trás, na direção do carro. Ele finge que esqueceu alguma coisa. Exibe sua coragem, enquanto zomba da ansiedade da minha mãe. É difícil saber que lição tirar disso – que o mundo está prestes a acabar, ou que nada irá acontecer.

Na praia, ele parece mais sozinho do que nunca. Ele passou quinze anos enfiado nas chaminés dos trens com um maçarico, e mais vinte anos se levantando de madrugada para ir a pé para a fábrica Wormald em Naenae, onde fabrica carros de bombeiros. Ele tem cinquenta e poucos anos, talvez cinco anos menos que eu tenho agora, mas já está exausto. Ele teve empregos que exigiram muito dele fisicamente desde os 12 anos.

Na praia, nós caminhamos ao longo da linha da maré como uma família de mastodontes, com a cabeça baixa e olhando para o chão, procurando o que houver para catar. Gostamos de coisas inteiras, e que possam ser levadas sem que percam o valor. Pedaços de pedra-pomes terminam na banheira, ao lado da escovinha de unha. O caixote de peixe é transformado num útil depósito de ervas daninhas. Conchinhas são carregadas aos milhares em sacos de carvão e espalhadas sobre o cascalho da entrada da casa.

A caminho de casa, paramos na leiteria e, enfiando a mão no bolso para procurar a carteira, Papai retira rolos de linha de pescar, que ele coloca sobre o vidro do balcão, junto com moedas e bilhetes de loteria antigos.

Depois de uma busca inútil nos bolsos por seu rolo de fumo durante uma festa na casa de um vizinho, ele fica um tanto confuso ao ver a linha de pesca em sua mão. Enquanto isso, a mulher com uma bandeja de aipos e queijos fica parada na beirada do tapete, uma fronteira que me apontaram com um sussurro furioso – não posso de forma alguma pisar no tapete com comida na mão.

O tapete é novo, mas o que está mesmo em jogo é o constrangimento – especificamente o da minha mãe. Ela prefere evitar falar com as pessoas ao risco de se sentir envergonhada ou inadequada. Ela prefere ficar em casa a sair e se arriscar a ser julgada pelos outros. Às vezes eu me pergunto por que isso.

Na praia, ela se sente inteiramente à vontade e baixa a guarda. Eu a vejo caminhar no meio das algas e dos pedaços de madeira e imagino se são somente a festas que ela não gosta de ir – seja por que motivo for. Mas eu estava certo. Ela tem medo – medo do que os outros vão achar dela, e nunca me ocorreu que este medo dela tivesse uma história.

⌒

Nós somos náufragos na praia, mas também no carro. Viajamos horas de carro para morar numa barraca, num lugar onde há outras pessoas como nós morando em barracas, defecando no mesmo vaso, tomando banho nos mesmos chuveiros.

Como ainda sou pequeno o bastante para usar o banheiro feminino com Mamãe, sou tirado bem cedinho do meu saco de dormir quentinho e colocado na grama úmida do lado de fora da barraca.

Onde nós estamos? Não faço ideia. O céu, as árvores e os declives cobertos de grama são ao mesmo tempo conhecidos e diferentes, mas diferentes de um modo tão sutil dos de nossa casa que eu não me interesso o suficiente para descobrir.

Indiferença é a reação normal a um acampamento, onde a história é medida em retângulos de terra ressecada e pisada e talvez um pino de barraca deixado para trás, um cheirinho de vida familiar agarrado na grama morta.

As mulheres saem das sombras – de diversas partes do acampamento, elas vêm dos cantos, debaixo das árvores, tropeçando no escuro com seus pés descalços. Durante o dia, elas dariam gritos quando as pedras pontiagudas machucassem seus pés, mas a esta hora, cercadas pelo sono de centenas, seus corpos estremecem e elas continuam andando na direção dos chuveiros. Mamãe e eu caminhamos atrás delas.

Tem uma luz dentro de uma jaula de malha de aço – isso é interessante, talvez a coisa mais interessante que vi em um dia e meio. Fico parado, olhando para ela, e então agarram meu pulso e eu sou puxado para dentro do barracão para entrar numa longa fila dentre muitas outras.

Alguém dá uma descarga, e imediatamente todo mundo para de falar e nossa fila avança um pouco. Uma mulher jovem tira uma camisa quadriculada, de homem, pela cabeça. Espanto-me ao ver que ela está nua. E como eu olho mais longamente e com mais atenção do que olhei para a luz dentro da jaula de malha de aço, percebo o interesse de Mamãe dirigindo-se para mim. Sinto a mão dela pousar no alto da minha cabeça e virá-la para outro lado, como algo deixado sobre a mesa na posição errada.

Mulheres mais velhas como a minha mãe parecem presas dentro de corpos alargados pela gravidez e marcados por operações, mas outras parecem que foram penduradas para secar no varal de um dia para outro e que acabaram de ser recolhidas.

Debaixo dos chuveiros, elas lançam olhares avaliadores para os corpos umas das outras e ficam paradas com os rostos virados para cima enquanto jatos de água tiram deles os vestígios da noite. Em pouco tempo elas saem dos chuveiros com a pele rosada e brilhante, menos apressadas, e falando numa voz bem mais alta.

De um acampamento municipal para outro, percorremos toda a North Island. Tem sempre um nativo empurrando os lados da barraca e formando sombras assustadoras com a estrutura, e eu pareço estar sempre parado numa fila. Anseio pelo momento em que vamos carregar o carro e voltar para casa. Eu sinto falta da rua, do quintal, da laje de concreto e dos tijolos que formam a parede lateral da casa, onde passo horas satisfeito, atirando uma bola de tênis e agarrando-a a poucos centímetros das mandíbulas do cachorro, que salta para pegá-la. Sinto falta da caixa de correio e do cheiro da cerca viva recém-aparada. Anseio por essas certezas – até o céu que tem sua própria particularidade, modelado pelos morros alongados e cobertos de tojos que engolem e sopram tremendas rajadas de vento. O ar que vinha de outro lugar simplesmente era estranho, e, quando chega a hora de desmontar a barraca, corro para ajudar.

Fiz outras viagens, de maior mistério. Corvos em fios de alta-tensão e árvores movimentando-se bruscamente pela janela do carro. Para onde estamos indo? Ninguém me disse, mas identifico algo em minha mãe – seu silêncio e determinação, misturados a algo que não sei descrever, mas que anos depois irei reconhecer como sendo uma compulsão incontrolável.

Consigo ver tudo isso do banco de trás do carro, onde fui colocado como um saco de mantimentos, com a expectativa de que ficasse quieto e não dissesse uma palavra.

Papai está no trabalho, fabricando carros de bombeiros. Ele ficaria atônito se soubesse que estamos no coração de Wellington, naquela cidade raramente visitada, onde "oficialmente" eu só estive poucas vezes, sem contar com essas outras ocasiões.

Quando chegamos *lá*, estacionamos. Não há nenhuma sugestão de que saltemos do carro.

Do meu lugar no banco de trás, eu me mexo silenciosamente para acompanhar a linha de visão de Mamãe, para poder ver o que ela vê – uma fileira de caixas de correio, plantas, cercas. Conheço a rotina. Vamos ficar ali sentados em silêncio, inconscientes de nós mesmos ou de nosso estranho objetivo, até que um pedestre olhe para dentro do carro e Mamãe, incomodada com a curiosidade do estranho, finja estar procurando o espelhinho dentro da bolsa.

Eu poderia perguntar o que estamos fazendo, mas não pergunto. A pergunta não será bem-vinda. A primeira vez que ficamos ali sentados, senti isso na pele. E, em todo caso, para não deixar dúvidas, mais tarde, a caminho de casa, ela diz numa voz calculadamente natural que não há motivo para eu contar sobre esse pequeno passeio a Papai.

A porta da frente de uma casa se abre. A sombra rápida de alguém descendo um pequeno lance de escada faz Mamãe virar a cabeça. A pessoa aparece, mas é a pessoa errada, o portão errado, a casa errada.

Passada essa tensão, nós relaxamos, as mãos de Mamãe voltam a segurar o volante, e nós esperamos.

Então, por um tempo que pareceu horas, e talvez sejam mesmo, ficamos sentados no carro e esperamos até minha mãe avistar a mãe dela, Maud, a mulher que a rejeitou.

⌒

No mundo desaparecido ou em desaparecimento da minha infância, figuras vem e vão.

Uma menina de 12 anos grávida, com a blusa de malha esticada sobre o calombo de sua barriga, é a visão mais estarrecedora que tive no pátio da Hutt Intermediate. Quando soa a sineta da escola, ela fica lá parada, olhando para si mesma. As sombras das outras crianças correm pelos campos verdes. No seu mundo solitário, a menina continua a olhar para si mesma. Ela dá um tapinha na extremidade da blusa. Passa a mão pela barriga e, quando levanta a cabeça, sua expressão é de espanto.

Então, um dia, ela some. A grama onde ela ficava parada está verde e viçosa. Ninguém pergunta por ela. Ninguém diz para onde ela foi. Em vez disso, o professor toca furiosamente o *ukulele* e cantamos um calipso aos berros.

Mas como isso aconteceu? Uma garota de 12 anos? Ninguém pergunta, ninguém sabe, ninguém pensa em perguntar.

Eu não diria que ninguém se importa, mas, como todos os cachorros que foram atropelados na rua defronte à nossa casa e depois esquecidos, a garota grávida foi embora e pronto.

Então, uma noite, do outro lado da porta do meu quarto, a música assustadora de um programa de TV diminui e escuto choro e gritos, seguidos do barulho de passos no corredor. A porta da frente é fechada com violência, e a casa treme. Portas de carro, uma atrás da outra, são abertas e fechadas. Instantes depois, o carro sai em disparada na noite.

Eu não verei minha irmã por algum tempo. Lorraine foi morar com o namorado num trailer. Ela acabou de fazer 17 anos e está grávida.

O quarto dela era em frente ao banheiro. Quando enfio a cabeça lá dentro, ainda sinto o cheiro da escova de cabelo dela.

No domingo, voltamos à praia para catar coisas trazidas pela tempestade que caiu durante a semana. Faz sol. O dia está lindo. O cabelo do meu pai está mais branco do que nunca. Minha mãe abraça o próprio corpo. Nada foi dito no carro a caminho de lá. Nada é dito a respeito da gravidez. O silêncio, é claro, não se ocupa de outra coisa.

Encontro um baiacu, inteirinho, ao contrário dos outros peixes mortos, leve como uma pluma, mas quando olho para dentro de sua boca não vejo nada. Ele está completamente oco.

⌇

Um dia, a camada de concreto é quebrada e os trabalhadores da companhia de esgoto desencavam um enorme tronco de árvore. Um guindaste e uma escavadeira unem forças e uma corrente é amarrada ao redor da tora para retirá-la de uma vala fedorenta. Um monte de pessoas se juntam para ver e, julgando pelo silêncio, ficam admiradas com este remanescente do mundo suprimido.

Em outra ocasião, um enorme bloco de madeira com a parte principal de uma coluna romana desfila pelas ruas na traseira de um caminhão. Paramos para vê-lo passar – sólido, aprisionado, como um bárbaro de antigamente exibido pelas ruas de Roma, acorrentado.

Ninguém conhece seu tipo. O sólido bloco foi despido de sua identidade. Ele ultrapassou os limites de uma classificação – e também de qualquer forma de simpatia, ou capacidade de impressionar – e se tornou material de construção.

Depois que o velho tronco foi colocado no caminhão e levado embora, os trabalhadores pularam para dentro do buraco e, tropeçando sobre velhas raízes, conseguiram juntar os canos de concreto e o sistema de esgoto voltou a funcionar, despejando água suja nos morros onde nós gostamos de caminhar no fim de semana.

Graças a Deus o velho tronco foi retirado. Parece que todos concordam com isso. Raízes são um problema sério.

Papai se recusa até a ter certas árvores no terreno. O gramado está cheio de falhas nos lugares em que foi atacado. Sob o calor da tarde, de quatro no chão, com uma machadinha na mão, Mamãe segue a trilha do sistema de raízes de uma planta nociva que ela nunca desejou ter na propriedade e que, portanto, terá que ser expulsa. Ela ataca com a machadinha e Papai olha com aprovação. Ele está pronto para abrir uma cerveja, mas só o fará quando Mamãe terminar. Ele esteve travando sua própria batalha nos fundos do terreno. Raramente eles concordam tanto a respeito de alguma coisa. Isso ficou na minha cabeça — não adianta arrancar uma erva daninha, a não ser que se retire junto todas as raízes.

O incinerador vai funcionar até de noite.

~

Eu nasci num mundo de amnésia. E num mundo de amnésia, a linguagem é a primeira a desaparecer — histórias de fadas e ninfas desaparecem assim que a sombra onde elas se abrigam é destruída para sempre pela entrada súbita de luz na floresta quando as árvores gigantescas são derrubadas.

Dizemos a nós mesmos que "fada" e "ninfa" são palavras inglesas. Não temos utilidade para elas aqui no novo mundo, então a amnésia encontra justificativa num falso orgulho.

Antes que o Ministério de Obras possa cobrir o mundo de silêncio, uma floresta tem que ser derrubada. As árvores maiores são cortadas para cair na direção desejada. Começando com as árvores maiores do alto do morro, é estabelecido um "percurso", de tal forma que cada uma caia em cima da árvore gigante seguinte, que por sua vez racha e oscila como se estivesse bêbada antes de se projetar sobre a árvore abaixo dela. Assim, um morro inteiro desaba como dominós.

Então os responsáveis pelo fogo se movimentam no meio dos troncos caídos. A confusão de homens correndo como uma gangue de criminosos com tochas na mão é capturada num desenho de 1857 feito por William Strutt. Os troncos caídos formam um grande emaranhado, como uma cena de batalha descrita através dos séculos. É caótico e cruel.

As queimadas ardem durante vários dias, e quando a fumaça desaparece os morros estão cobertos de tocos pretos. O solo está preto de fuligem.

Durante dias o vale na extremidade da enseada fica encoberto pela fumaça. O sol desaparece e, por volta do anoitecer, transforma-se numa bola de fogo, o que para os primeiros colonizadores devia parecer um presságio do fim do mundo. A história das encostas foi concluída. Tojo e grama tomam o lugar, e uma nova história começa.

Fumaça tem a cor e a textura da amnésia. A amnésia, como a fumaça, consegue apenas indicar a circunstância. Nós nos damos conta de uma perda, não do que perdemos.

É mais fácil dar importância às glórias que alcançamos. E mostrar o progresso, como na aquarela de 1841 de Charles Heaphy revelando uma clareira. Em primeiro plano, seis tocos de árvore parecem membros amputados, mas sem provocar compaixão. Eles não impressionam da mesma forma que um tronco tirado das profundezas pelos trabalhadores da companhia de esgoto, porque vejam o resultado alcançado: um belo campo verde e liso como um campo de croqué. Em sua condição horizontal e semidesfolhada, as árvores conseguem ter um ar elegante, quase melhorado. Seria fácil acreditar que elas tivessem assinado sua própria sentença de morte em prol de uma causa mais nobre.

É o final de um processo que começou com uma prancha improvisada ligando o convés do *Resolution* à floresta primitiva que William Hodges pintou. Outros vêm atrás, saltando daquela prancha com machados e fogo.

Se não fosse por aqueles como o naturalista William Swainson e os pesquisadores William Mein Smith e Samuel Brees, que registraram graficamente o que viram em nossa vizinhança antes dela realmente se tornar uma, não haveria paisagem perdida nem para nós imaginarmos, quanto mais para lamentarmos.

Numa pintura antiga tem a margem do rio onde eu brincava, mas não é como eu a encontrei. A superfície parada do rio reflete árvores e arbustos. Uma cabana feita de juncos ocupa a margem onde, mais de cem anos depois, o garoto do outro lado da rua e eu iremos espiar para dentro de um carro estacionado no cascalho, com os vidros embaçados. Mas o que vemos é um traseiro nu e o rosto assustado de uma garota, e então a porta do carro é aberta com um pontapé e um cara salta com a mão no cinto, berrando palavrões. Corremos para o meio dos arbustos, uma vegetação rasteira de baixa qualidade, samambaias, tojos e giestas crescendo como mato no lugar das árvores magníficas das pinturas.

Junto com a floresta original, os antigos nomes ingleses dos primeiros povoados — Algiony, Hawkshead e Herongate —, chalés com teto de sapê que ficavam num Jardim do Éden, irão desaparecer da memória coletiva. E o estuário largo do rio, com seus diversos canais, que fez os primeiros colonos pensarem nele como sendo um outro Tâmisa, irá mudar seu curso.

Num desenho de seu próprio terreno no Hutt Valley, que ele chamou de Hawkshead, William Swainson tem prazer em introduzir elementos naturais. Cinco ramos de flores inglesas tremulam no espaço recém-aberto, miosótis. Os troncos enormes da floresta sobem até o alto da tela em segundo plano. Perto do rio, uma touceira e um repolho emolduram duas vacas bebendo água.

Em pouco tempo, Swainson passa a desenhar homens com longos machados caminhando pelo mato. Depois começam as queimadas, acompanhadas da fumaça espessa que tapa o sol, e finalmente vem a amnésia.

Portanto, era fácil esquecer ou, pelo menos, aceitar avós e herança como algo que outras pessoas tinham, algo que não era muito interessante nem invejável, como possuir um certo objeto, um broche vitoriano ou um relógio de bolso, algo sem utilidade contemporânea.

Anos, décadas se passam antes que eu pusesse os olhos em Maud, a mãe da minha mãe, na Villa Rosa, uma casa na Bathpool Road, em Taunton, Somerset. Lá está ela no álbum aberto sobre uma mesa, fotografada na mesma casa que eu estou, por acaso, visitando.

Mavis, uma prima da minha mãe (desencavada poucos anos antes da minha visita), só irá dizer de Maud que ela podia ser "muito dura". O que não é exatamente a condenação que eu tinha esperado escutar. Eu não sei se Mavis percebe isso porque ela repete, em tom mais baixo: "Ela podia ser *muito* dura."

Bem, sim, eu diria que sim, para fazer a troca que fez, sem consultar minha mãe, uma troca que a assombrou pelo resto da vida.

Por uma questão de princípios, cresço odiando Maud – pelo menos a ideia que tenho dela. Sempre que me perguntam sobre meus antepassados, especificamente sobre meus avós, eu digo com um certo prazer: "Não tenho nenhum."

Nunca vi Maud em nenhuma das vezes em que estacionamos o carro na rua dela para que Mamãe pudesse vê-la de relance. Esta ocasião na casa da Mavis é a primeira vez que eu ponho os olhos na minha avó.

Ela não é como eu esperava. Mas o que eu esperava? Não sinto como se tivesse descoberto mais uma camada de mim. Ela poderia ser qualquer pessoa. Ela não fez nenhum esforço para sorrir para a câmera. Os olhos são vazios, inflexíveis. Mas aí, em outra foto, o rosto dela está iluminado por um sorriso generoso e a transformação é espantosa. Ela é quase simpática. Ela tem cabelo louro. Que estranho. Eu não estava esperando uma avó de cabelo louro. Eu checo com Mavis. A foto foi tirada numa visita a Taunton em 1922, oito anos depois que minha mãe nasceu.

⌒

Maud morou por pouco tempo no Hutt, no mesmo prédio onde muitos anos depois, após a casa se transformar em loja de tecidos e roupas, Mamãe compra meu primeiro uniforme escolar.

Ela parece um galo num galinheiro conhecido. Os olhos dela estão em toda parte, menos no que ela está comprando. A pobre mulher atrás do balcão tenta atrair a atenção dela. É preciso que ela decida. Vamos comprar na medida certa ou fazer como fizemos até agora e deixar uma margem para o inevitável crescimento?

É assim que vai ser durante os próximos anos – nunca o tamanho certo, sempre uma sobra de tecido. Continuo a crescer, mas é uma batalha perdida. Eu me mantenho para sempre pequeno demais. Anos irão passar até que o colarinho sirva para o pescoço.

Talvez minha mãe esteja sentindo algo parecido na loja de roupas. Pois quando Maud morava aqui ela mandou buscar Mamãe, a garotinha que ela tinha abandonado oito ou nove anos antes, e minha mãe tornou a entrar no mundo de Maud.

Nessa altura Maud tinha mais dois filhos, Eric e Ken. Ninguém sabe por que Maud mandou buscar Mamãe, ou o que ela tinha em mente. E, aliás, nem o que minha mãe achou disso. Ninguém pensou em perguntar. E, é claro, Mamãe não disse. Mas qualquer que tenha sido a razão de ela ter ido morar com Maud, não funcionou e pela segunda vez minha mãe foi mandada embora. Eu acho que ela tinha 14 ou 15 anos quando isso aconteceu.

Eu me pergunto se é isso que deixa minha mãe tão preocupada – superando essa lembrança com as pilhas de uniformes escolares cheirando a novos. Quando abre a bolsa para pagar, ela ainda está examinando aquele velho espaço. Mas sei que as paredes de um cômodo não se lembram de nada; são as piores testemunhas possíveis, enfurecidamente discretas, tão empenhadas em se ajustar ao novo quanto a esquecer.

O drama da minha mãe é que ela não consegue esquecer.

Tem uma foto de Mamãe sentada nas dunas de areia de Petone Beach, um pouquinho a leste de onde William Swainson um dia se sentou para desenhar os primeiros chalés de telhado de sapê dos colonos próximos ao Te Puni's pā, em Pito-one, que agora tem o nome de Petone. Logo atrás das dunas de areia fica hoje o Settlers Museum. A proa de um veleiro projeta-se de um dos seus lados. Do lado leste do prédio, que dá para os morros cobertos de tojos, há um vitral com a ilustração de um colono carregando um machado no ombro, da mulher dele com um bebê no colo e de um menino que está entrando no mato na frente dos pais, com os olhos arregalados, sem saber ao certo que aventura irá encontrar pela frente.

Na foto, minha mãe, que devia ter uns 25 anos, está muito magra e um tanto perturbada com o embrulho ao seu lado.

Quando minha irmã mais velha, Pat, nasceu, Mamãe deve ter tido esperança de que Maud amoleceria um pouco, que fosse finalmente mostrar algum interesse por ela, e por isso, sem avisar, ela aparece na casa de Maud para exibir o bebê – a neta de Maud, a primeira, aliás. Mamãe fica esperando do lado de fora na varanda, embalando o embrulho, até Maud aparecer na porta com uma nota de 10 xelins na mão e dizer a Mamãe para nunca mais aparecer por lá.

Então, alguns anos depois, quando a epilepsia de Lorraine é diagnosticada e o médico pergunta a Mamãe se há um histórico na família, ela só tem um jeito de descobrir. Desta vez Mamãe telefona para Maud para perguntar o que o médico quer saber.

– Mas eu não tenho nenhuma filha – diz Maud.

⌒

Agora, muitos anos depois, quase no fim de sua longa vida, minha mãe está deitada numa cama de hospital, olhando para o teto da ala de derrames no Hutt Hospital.

Pedem-me para ajudá-la a preencher um formulário para o terapeuta ocupacional. Diante da pergunta absurda, "Qual é sua ambição na vida?", minha mãe, de 90 anos, de repente se anima. Ela responde com toda a clareza. Sua ambição é viver mais do que Maud, que morreu com 94 anos.

Nos meses seguintes, à medida que ela é acometida por uma série de derrames, e fica claro que não vai realizar a "ambição da vida dela", comemoramos quatro aniversários – 91, 92, 93 e 94 no espaço de poucos meses.

Ela precisa se segurar nos braços da sua cadeira enquanto toma fôlego e se inclina para a frente e, com uma animação surpreendente para uma pessoa de 91, 92, 93, 94 anos, sopra as velas do bolo.

⁓

Mais de cinquenta anos antes, ela tinha me dado à luz neste mesmo hospital, mas num andar diferente, numa enfermaria diferente, onde os primeiros gritos de vida são ouvidos a todo momento. O andar onde ela está agora tem o ar dissimulado e silencioso de processos e procedimentos.

No escuro, ela parece não perceber que estou sentado na poltrona no canto do quarto. Ela levanta a mão e a olha como se não fizesse parte dela, mas fosse algo que num momento de tédio ela tivesse achado interessante. Passado um tempo, sua mão torna a cair sobre a cama, e ela vira a cabeça para a luz pálida que vem da janela.

Está amanhecendo. Haverá outro dia, afinal.

Eu costumava perguntar a mim mesmo se ela alguma vez pensou: Como é estranho imaginar que em breve eu estarei indo embora. Especialmente à noite, quando a perspectiva do fim adquire seu lado dramático.

Há diversas semanas que ela vive naquele mundo crepuscular, tateando ao longo dos corredores, que os moribundos têm que encontrar sozinhos, sem informação nem orientação, cambaleando envoltos numa nuvem de morfina.

Quase cega, sorriu dissimuladamente para a janela. Ela desencavou o nome de um antigo vizinho. E quando eu olhei, uma nuvem estava passando.

É tarde demais para perguntar a ela a respeito de Maud. É tarde demais para fazer perguntas e esperar que ela responda honestamente sobre si mesma. É tarde demais para ela resolver seu passado. Por outro lado, o terremoto só vai ocorrer daqui a alguns anos e portanto eu ainda não cheguei no ponto em que o passado, em especial as minhas próprias origens, tenham qualquer interesse. Maud, que sabia tanto, morreu muitos anos antes, sem despertar em mim qualquer tristeza, e agora Mamãe está prestes a segui-la.

Eu lia para ela fragmentos do livro de Chatwin *In Patagonia*. Duvido que ela entendesse alguma coisa, muito menos que eu estava tentando injetar vida nela através da leitura. Às vezes ela conseguia fazer um ar de concentração, como se estivesse prestando atenção — mas então ler me pareceu errado também, ou mal escolhido, absurdo, de certa forma, usar os últimos dias de alguém para me concentrar na viagem de um autor através de comunidades de exilados nos confins de um lugar que talvez ela nem soubesse que existia.

Por outro lado, o fato de ter alguém lendo para ela devolvia-lhe uma certa dignidade — ela estava ocupada, aparentemente — e isso era melhor do que o barulho dos carrinhos cheios de bandejas de café da manhã e da alegria forçada das enfermeiras. Essa parecia ser a abordagem oficial: manter a atmosfera agitada até o fim, com um suave humor.

Quando o médico, um indiano mais velho, firme e simpático, chegou para a ronda matinal, os olhos da minha mãe brilharam. Ela parecia uma mocinha flertando com ele.

Fora do alcance dos ouvidos dela, o médico me perguntou: "Alguém contou à sua mãe que ela está morrendo?"

A necessidade de dizer isso a ela não tinha me ocorrido. Sem dúvida ela sabia. Como poderia não saber?

O médico me lançou um olhar penetrante. A expressão calorosa de momentos antes desapareceu. Ele tirou os óculos e os examinou exaustivamente.

– Então – eu disse. – Devo contar a ela? Ele levantou os olhos, sorriu, fez que sim com a cabeça e, depois de dar um tapinha amável no meu ombro, continuou sua ronda com um grupo de médicos jovens vestidos com seus novos jalecos brancos.

⌒

O cabelo grisalho dela estava caído sobre o rosto. Eu sorrio, ela sorri de volta. Ela estava prestes a dizer alguma coisa. Então eu adio minha "notícia" e espero, embora ela não consiga dizer uma frase há meses. A última vez que disse alguma coisa foi quando perguntaram qual era a sua ambição na vida.
Ela me olha cheia de expectativa, e percebo que me enganei. Ela não quer falar. Ela está esperando que eu diga alguma coisa. Ela vira a cabeça no travesseiro. Olha na direção da porta. Ela deve ter me visto conversando com o médico. Então me inclino sobre ela e com o mesmo jeito intimidador que vi as enfermeiras usarem, mergulhando-a na sombra, digo: "Vou pegar uma xícara de chá para mim. Você quer uma?"
A luz volta aos olhos dela e ela responde com um aceno de cabeça, e eu saio correndo de lá.
Do lado de fora do quarto dela, uma alegria falsa ecoa nas paredes – pinturas borradas de crianças. Há os passos apressados de uma visitante caminhando na direção dos elevadores, seguidos pela exuberância barulhenta de um visitante que chega, um cara grande e entusiasmado, com os braços cheios de flores envoltas em papel celofane. É isso que são as flores – um substituto para palavras e para a necessidade de dizer o que não pode ser dito. Outros acampam ao redor da cama de um parente mirrado. Alguns se sentam na beira da cama, cheios de tédio. Uma mão é estendida por cima de um esqueleto

na direção da tigela de bananas. Atrás de uma porta fechada, vários atendentes usando uniformes verdes estão com os pés para cima, devorando sacos de batatas fritas e rindo de um episódio de *Os Simpsons*.

Levo dois copos de isopor para o quarto da minha mãe, terrivelmente consciente do comprimento do corredor, que brilha devido ao desinfetante e o som dos meus próprios passos.

Ela demora um pouco a perceber que estou parado na porta. Ela vira a cabeça no travesseiro e sorri. Coloco um copo sobre a mesa e seguro o outro para ela beber. Ela consegue dar um gole e estremece. Pergunto-me se não está quente demais. Mas não é isso. Esqueci que ela não usa açúcar. No que eu estava pensando?

Corro para buscar outro copo. Quando volto, ela está dormindo, então deixo o chá na mesinha ao lado da cama dela e vou na ponta dos pés até os elevadores.

⌇

No dia seguinte, sai uma foto no jornal de um sol agonizante, espetacular, tirado pelo *Voyager* numa viagem para o espaço sideral, na realidade para requentar notícias antigas.

Trata-se de um retrato do nosso próprio sol daqui a três ou quatro bilhões de anos. Um sol igual ao que permite nossa existência diária implodiu e virou vapor.

Eu levo o jornal para o hospital. Apareço na porta do quarto dela com um dos meus melhores sorrisos, que reflete intenções firmes e honestas. Ela fica contente em me ver. O médico ainda não fez sua visita. Então eu me sento na beira da cama dela com o jornal aberto na devida seção. Levanto a foto do

sol agonizante. Ela se inclina para a frente, interessada, e nós seguimos daí. Eu continuo a andar em círculos, aludindo ridiculamente ao sistema solar, implodindo sóis e assim por diante, até que finalmente eu sou obrigado a dizer: "Você está nas últimas, Mamãe." É como dizer a uma criança uma verdade horrível a respeito do mundo. Ela olha para mim, concentrando-se no que acabei de dizer. Ela parece interessada, depois aborrecida. Ela vira a cabeça para o outro lado. Quando torna a olhar para mim, fico surpreso ao vê-la tão zangada.
– Você está zangada?
Ela faz sinal que sim com a cabeça.
– Com o quê?
E pela primeira vez em várias semanas ela diz alguma coisa:
– Com vocês todos.
– É claro – digo depressa. – Você tem o direito. Mas você vai precisar comer.

Ela estende a mão para o copinho de iogurte pela metade que está em cima da cômoda desde o café da manhã e com a minha ajuda começa a enfiar gulosamente colheradas na boca.

⌒

Ela morreu em casa, e naquela manhã o sol se esparramava sobre o quintal da casa dela, onde ela tinha passado tantas horas sentada no pátio, cercada de plantas, com uma xícara de chá ao lado, uma tesoura de poda a seus pés. O agente funerário estava bem-vestido demais, e seu capanga intruso também usava, grotescamente, um terno preto, mas não tão elegante. Talvez por causa das espinhas no rosto dele e dos sapatos pretos pesados, pensei no lar de meninos por onde eu costumava passar. Eu parava para olhar o terreno gradeado e pensava naqueles meninos da minha idade vagando por aquela savana estadual, tão desprezados quanto cachorros de rua. Enquanto eu olhava para os sapatos do intruso e em seguida para o rosto dele e de novo para os seus sapatos, imaginava se ele teria vindo de lá. Depois abandonei esses saltos acrobáticos de pensamento porque havia coisas práticas para tratar. Tais como DEP (Descanse em Paz). O rosto de Mamãe estava "descansado" e "em paz", fiquei contente por ela. Eu teria gostado de acordá-la, se isso fosse possível, para contar o quanto ela parecia em paz na morte. Ela teria gostado de saber. Ela sempre disse que eu era crítico demais.

O agente funerário mais velho falava naquele tom de voz especial que deviam ter ensinado a ele ou então que ele tinha aprendido no cinema. Por ora, nós, os vivos, Pat e eu (Bob e Bárbara estavam vindo dos Estados Unidos e de Fiji), devíamos ficar ao lado do corpo. Queríamos que Mamãe fosse carregada para fora com a cabeça ou com os pés virados para a porta? Nunca tinham me feito essa pergunta. Anos atrás, quando Mamãe se mudou para a casa em frente à praia, ela tinha dito espirituosamente que da próxima vez que se mudasse seria numa maca. Mas tinha dito "primeiro a cabeça" ou "primeiro os pés"? O agente funerário e o aprendiz dirigiram sua atenção profissionalmente para a enseada e as gaivotas que voavam em círculos. Primeiro a cabeça, eu decidi. O agente funerário respirou aliviado, e eu tive certeza de ter tomado a decisão certa. Então o aprendiz também respirou aliviado, embora um tanto atrasado, conforme me recordo. O agente funerário tinha outra pergunta. A falecida preferia ficar com o rosto coberto ou descoberto quando fosse carregada para fora? Ele disse que era uma questão de preferência pessoal. Embora os gregos tivessem uma opinião a respeito disso, ele disse. O que foi confirmado pelo aprendiz, que balançou afirmativamente a cabeça. Alguns preferem coberto. Outros preferem descoberto. Depende da pessoa. Bem, obviamente era tarde demais para perguntar a Mamãe, então eu decidi por ela – descoberto. Ela devia sentir o sol no rosto pela última vez.

Pegamos as extremidades da maca, caminhamos na direção da porta dos fundos e descemos os traiçoeiros degraus com ela. Agora bastava colocá-la na traseira da van. Tenho certeza que era uma van, e não um carro funerário. Mamãe não teria ligado. Ou teria? Era tarde demais para ela ter opinião.

Depositei a maca e levantei uma das mãos num gesto silencioso de comando para os outros dois pararem para esta última homenagem ao amor que minha mãe tinha pelo sol. E, pelo que me lembro, o sol se alinhou com o telhado do vizinho e com as roseiras que caíam sobre a cerca de madeira e bateu no velho rosto dela, que era marcado por rugas profundas, mas só reteve leveza – não amargura ou decepção, embora ela tenha conhecido ambas durante sua longa vida. Ela detestava sentir frio. Ela tinha feito minha irmã Bárbara prometer que a levaria para o necrotério com seu xale de lã. E assim que Bárbara chegou em casa foi até o necrotério com o xale de Mamãe. Então, quando as portas se fecharam, eu não pensei em "adeus" no sentido comum da palavra nem senti a tristeza que vem quando um pai ou uma mãe sai da nossa vida – embora fosse sentir isso mais tarde. Na hora, o que senti foi o choque de saber que ela nunca mais sentiria o sol batendo no corpo.

Christchurch. De manhã cedinho. O vapor sobe do fétido rio Avon. Na Ponte da Lembrança, o olhar majestoso dos dois leões faz lembrar as cabeças dos manequins femininos que eu tinha visto de cada lado da guarita do vigia em Bottle Lake. Vaidade clássica de um lado da cidade, o ridículo do outro lado. E entre esses dois polos oscilavam os restos da cidade.

Em Bottle Lake, cerca de dez quilômetros a nordeste da cidade, uma enorme mosca-varejeira me deixou ainda mais consciente do lodo e do cheiro de substâncias químicas, e de que tudo chega ao fim.

Os detritos mais pesados estavam sendo levados de caminhão para Lyttelton Harbour e despejados no fundo do oceano, perto, conforme me ocorreu, das marcas das âncoras dos quatro primeiros navios que tinham carregado a visão de Christchurch de um lado do mundo para outro.

Um comboio interminável de caminhões despejando material mais leve operou seis dias por semana durante todo o inverno em Bottle Lake. A pilha crescia duas mil toneladas por dia. Nos domingos à tarde, os caminhões paravam, e essa era a melhor hora para uma visita. Sem o barulho estridente dos caminhões, o silêncio era fantástico, podia ser sentido fisicamente, e havia algo muito desconfortável, como o silêncio pesado numa sala onde ninguém tem coragem de falar sobre algo espantoso que aconteceu.

Um leve vento leste empurrava a maré por uma parede de pinheiros. As árvores também não pareciam muito honestas. Era como se também estivessem mancomunadas com o segredo, e eu me lembrei daquelas regiões gramadas na Europa cobrindo lugares onde no passado ocorreram grandes atrocidades. Sempre parecia haver uma fila de pinheiros assistindo, como estes em Bottle Lake. Vinte anos atrás, a máquina de plantar árvores vivia encontrando membros de bonecas que, segundo me disseram, caíram um século antes das mãos desatentas de crianças empoleiradas nos velhos caixotes de lixo da cidade, que eram esvaziados uma vez por semana pelo vigia noturno e tinham seu conteúdo levado para os lixões onde hoje fica Bottle Lake.

Por várias horas, vagueei pela montanha de lixo como costumava examinar a praia com Mamãe e Papai, catando coisas, chutando o que não prestava com a ponta do sapato. Nunca havia percebido o quanto uma cidade é feita de sucata. Muito do que encontrei tinha desistido de qualquer compromisso com sua forma original, e era quase impossível diferenciar o que era público e o que era privado, de tão misturados que tinham se tornado. Um taco de golfe, uma bota de esqui, um folheto com conselhos sobre como lidar com uma resposta negativa, um número surpreendente de manuais de automóvel, livros, pedaços de madeira rachados e quebrados, tijolos, reboco, lâminas de ferro e um patinho de borracha amarelo – tudo isso encontrou um companheirismo que nunca existiu em suas vidas anteriores. Sapatos aos montes, mas nunca um par, livros-caixa escritos à mão com tinta azul, totalizando quantias na moeda antiga, que devem ter ficado esquecidos em gavetas nos últimos cinquenta anos.

E o que eu senti, acima de tudo, foi uma compressão, como se o tempo tivesse sido compactado, e o lixão fosse um registro de suspiros, um século inteiro de suspiros dados em salas que não existiam mais. Se você simplesmente revirasse as camadas encharcadas, talvez encontrasse um suspiro dado uma semana atrás, ou em 1949, ou em 1892, quando o primeiro homem em Christchurch que havia lido o *Erewhon* (um anagrama de Nowhere), de Samuel Butler, parou de respirar.

Encontrei uma pilha de livros encharcados ao lado do entulho. Abri um e vi que era da biblioteca da cidade. Virei mais dois ou três com a ponta da minha bota, como se estivesse tocando numa carcaça. Então vi um livro encapado de vermelho e me inclinei para tirar da lama um exemplar muito velho das cartas de Plínio, e, como essas coisas às vezes acontecem, as páginas se abriram onde Plínio, o Jovem, começa sua carta com uma descrição da morte do seu tio durante a erupção do monte Vesúvio. Uma frase pareceu tão pertinente às minhas próprias explorações que eu a anotei: "uma carta é uma coisa, uma história é outra, uma coisa é escrever para um amigo, outra coisa é escrever para o público."

⌒

A carta começa com uma descrição da tarde anterior à morte de Plínio, o Velho.

Plínio, o historiador, aos cinquenta e poucos anos deu um passeio sob o sol, fez um almoço leve e se retirou para seu escritório, de onde o chamam para ir lá fora observar uma nuvem estranha, "brilhante e carregada de cinzas", erguendo-se no céu. Curioso e querendo ver mais de perto, Plínio manda preparar uma embarcação pequena. Ele está prestes a partir quando chega um recado da esposa de um velho amigo, dizendo que ele está pedindo para ser resgatado da casa deles no sopé do Vesúvio. O plano de observar o fenômeno passa a ser então uma missão de salvamento, e Plínio manda preparar uma embarcação maior para a viagem.

Plínio, o Jovem, prefere ficar, e então, deste ponto em diante, o relato escrito está baseado na palavra de outros.

Em mais uma mudança importante, o vulcão se torna apenas uma cortina de fundo teatral para a questão mais importante e mais urgente da morte de Plínio, o Velho, combinando assim catástrofe pública com a oportunidade de criar um mito familiar.

Há vários dramas heroicos. Um deles é a decisão de Plínio de permanecer no convés e enfrentar a chuva de cinzas e pedras pretas sobre a embarcação. É este flerte com o perigo que o sobrinho tem tanto interesse em transmitir. Além do céu em chamas, uma maré baixa ameaça encalhá-los, até que um vento favorável leva o navio para Stabiae, o próximo drama heroico, onde Plínio encontra seu amigo Pomponianus num estado de grande agitação. Plínio adota um ar despreocupado na tentativa de acalmar os nervos do amigo. Depois de um banho, ele se senta para comer, em estado de alegria.

À medida que as erupções ficam mais intensas, Plínio garante ao amigo que as pessoas já abandonaram as cidades, que estão em chamas. Então ele se retira, caindo num "sono sonoro". Durante a noite, a entrada dos seus aposentos se enche de cinzas e pedras. Antes que a rota de fuga seja inteiramente bloqueada pelo entulho, Plínio é acordado por seus escravos – ao ver o perigo, ele acorda os outros. Pomponianus está assustado demais para sair da cama, então os outros, liderados por Plínio, discutem se permanecem na casa, que agora balança de um lado para outro, ou se vão para o lado de fora.

Eles decidem pela segunda opção e amarram travesseiros na cabeça para se proteger da "tempestade de pedras". É de manhã, mas por causa da violência da erupção está escuro como se fosse noite.

Até então a carta se concentrou em descrever a animação de Plínio, e não sua aparência ou condição. Não houve nenhuma indicação de um homem lutando consigo mesmo ou com os vapores da erupção, mas, quando chega na praia, ele se deita sobre uma lona de vela e pede água. Dois servos são chamados para ajudá-lo a se levantar, mas sem conseguir suportar o próprio peso, Plínio, o Velho, imediatamente cai e é abandonado. Três dias depois, uma equipe de salvamento volta e encontra o famoso historiador enterrado sob uma camada de pedras.

⌒

O relato de Plínio, o Jovem, é uma carta endereçada ao futuro. Pensei em escrever algo no mesmo espírito. No momento em que retirei o livro do entulho, eu estava começando a procurar traços de um passado, ou pelo menos a pensar em um passado, por menor que fosse. Eu não queria desqualificar uma pequena impressão deixada para trás num ladrilho colorido da Piscina Olímpica de Naenae. Ou a declamação dos nomes de todos os cachorros atropelados por carros repentina e catastroficamente no início dos anos 1960 na rua em frente à casa de número 20 da Stellin Street. Mas ao pensar nessas coisas percebi que conhecia a linhagem dos meus cachorros melhor do que a minha própria. Os riscos que os cachorros corriam para manter sua própria dignidade num mundo governado por carros iriam me apresentar ao luto. Minha responsabilidade de varrer as folhas do quintal falava de outra passagem, assim como o ar frio ao redor das minhas orelhas depois que eu cortava o cabelo. Mas cabelo torna a crescer, e as folhas se desfazem em fumaça dentro do incinerador, e a grama torna a nascer nos espaços carecas onde as folhas ficaram caídas por muito tempo, e um cachorro irá substituir o outro, e cada cachorro terá um nome mais exótico do que o anterior, como se um eco de um lugar longínquo fosse salvá-lo.

Esses acontecimentos não são compatíveis com o ato da lembrança. E no domínio concreto deste mundo quase todos os ecos que ouço são de minha própria autoria.

O *Australasian Post* é um ponto alto da minha visita ao barbeiro. Especialmente a ilustração do pub de interior, que é a primeira coisa que olho. Vejam todas aquelas rolhas penduradas no chapéu do camponês. Consigo vê-las claramente, mas nem uma vez eu as relaciono com moscas. Precisam me avisar disso. De fato, pelo que me lembro, não havia moscas até eu ser informado da utilidade das rolhas. Depois disso, passei a ver moscas por toda parte na ilustração. Assim como ninguém jamais sugeriu, e certamente eu nunca sonhei, que por baixo dessas fundações de óleo de cabelo e conversa fiada um dia tinha estado a casa Te Mako de Wi Tako. Ou que os canais que saíam do estuário um dia estiveram cheios de armadilhas para enguias. Wi Tako era um aliado do chefe local, Te Puni, cujo povo tinha ajudado os colonos desembarcados em Petone Beach. Nunca me ocorreu que as crianças com quem eu brincava na escola eram descendentes de uma cena reconstruída numa pintura. Os navios de emigrantes estão ancorados ao largo da praia. Os náufragos tinham finalmente chegado a terra firme, e os maoris locais os estão carregando e a seus pertences para a praia. Eu apenas achava que todos tinham vindo no último trem.

O concreto fez um grande trabalho cobrindo tudo, entretanto a história ainda está lá se soubermos o que conectar ao cheiro dela.

Além de espionar os carros na margem do rio, nós nos esgueiramos para um pedaço de terra que não tem equivalente em lugar nenhum em nossas vidas. O cheiro é úmido e pantanoso. Nosso cenário "pré-histórico" é um velho campo de batalha botânico que os salgueiros conquistaram e depois perderam. Enormes troncos de árvores foram arrancados do chão e estão por todo lado. Alguns dos desenterrados continuam a crescer, como se não tivessem sido informados do seu destino ou tivessem escolhido continuar apesar dele, como um frango que continua a correr porque sempre correu, apesar de sua cabeça ter sido decepada.

O que podemos cheirar é o pântano em que nossos antepassados transformaram a floresta derrubando as árvores. Quando chovia muito, o rio transbordava e carregava pedaços de margem para a boca do rio, e para mais longe, de modo que quando eu nasci o que um dia foi o fundo do mar está debaixo de dois metros de lama. O cheiro do salgueiro é o fedor de um erro antigo. É claro que não sabemos disso. E nem a visão divertida que vem do campo de golfe inundado, transformado num disco de água prateada e brilhante com as sombras de quebra-ventos e ciprestes, consegue me alertar a respeito dos atos impetuosos do passado. Os salgueiros foram plantados como uma ação de retaguarda para o mundo não desabar. E as estacas de madeira espetadas para fora da margem do rio são os restos de paredões construídos por colonos numa tentativa de corrigir seu erro.

Em maio de 2011, três meses depois do terremoto de fevereiro, e um mês depois do abalo secundário de junho que acabou com a esperança de uma rápida reconstrução da cidade, fui atrás das cinzas do meu passado. Tinha a esperança de que, como as moscas no *Australasian Post*, tudo o que eu precisava fazer era identificar os eventos ignorados do passado e a história iria se tornar visível.

Pensei em começar por uma viagem a Pembroke Dock, no País de Gales, para visitar a terra natal do pai do meu pai, "o homem que se afogou no mar".

# TRÊS

Eu me lembro do cheiro – aquele cheirinho familiar que sentimos ao vestir uma camisa velha. Neste caso, era o cheiro de velhas comidas de entrega, que sempre associo à Inglaterra. Eu mal me lembro do rosto. Mas me lembro dos olhos dele. Eram opacos, como os de um peixe. Uma boca alegre que por algum motivo me fez pensar no *Daily Mail*. O rosto de menino. Imagino que ele estivesse perto dos 70 anos. Um ex-jóquei, talvez, a menos que estivesse sentado. Não dava para saber porque havia o guichê do caixa nos separando e eu tive que me abaixar para fazer meu pedido através de um buraquinho na parte de baixo do guichê. Seus olhos de peixe me fitaram vagarosamente. "Pembroke Dock", ele disse. "Você vai para um lugar que costumava ser um lugar."

    Desejei ter algo igualmente espirituoso para responder. Houve uma pausa do outro lado da grade, como se ele também esperasse por isso. Mas, em vez de palavras, o que me veio foi um mosaico de imagens. Eu tornei a ver o rosto da jovem repórter de TV e a guinada brusca da câmera que fez a parede de um prédio se transformar na visão mais longa da rua – o que, naquela estação do outro lado do mundo, me desestabilizou –, e quando olhei para baixo, vi a boca e a barba rala do caixa, pelo buraco no canto da grade. Mas eu não tinha nada para responder, nada de útil para dizer.

No trem, fiquei refém de uma voz solitária discursando no meu canto do vagão. Um rapaz obeso estava em pé no corredor, olhando do alto para os seus companheiros: um deles era um cara baixo e magro, que estava sentado bem rígido, como um cabo ouvindo em silêncio a fanfarronice de um sargento; o outro era um cara alto e fúnebre, que estava sempre escapando para a vista da janela. Campos de golfe foram mencionados, e tantos pubs que não dá para lembrar.

Sem dúvida há coisas melhores para recordar, mas depois desse tempo todo, depois dos nomes dos campos de golfe e dos pubs terem caído no esquecimento, junto com as expressões taciturnas e infelizes dos seus futuros parceiros de golfe, lamentavelmente, o que me vem à cabeça é o orgulho embaraçoso que senti ao ouvir "Nova Zelândia" no monólogo. Ela surgiu quando o homem gordo mencionou o salário do *caddy* de Tiger Woods, e eu pensei: Que estranha conexão para alguém fazer com um país que acabou de sofrer um terremoto de grandes proporções.

Será que este era o acontecimento que estava na mente de todos? Mas não, não estava. O que estava na mente da garotinha sentada em frente a mim era o saco de biscoitos fechado nas mãos da mãe dela. O que preocupava os companheiros do chato com mania de golfe era como eles poderiam recusar o convite de férias.

Olhei pela janela – pastagens, árvores, fundos de casas com manchas de umidade. No chão a meus pés estava uma outra Inglaterra. Um jornal com a marca do calcanhar de alguém. A careta de Rooney quando ele se vira da boca do gol com o punho erguido. Abri um livro, mas não consegui me concentrar nas palavras. Eu me vi escorregando de volta para um mundo diferente. Eu vi as ruas de Christchurch à noite, com as luzes acesas, e as equipes de salvamento usando coletes de cores vivas. Fitei o mundo que deslizava pela janela do trem. Eu estava a caminho de um lugar que costumava ser um lugar. Olhei pela janela, e por um ou dois segundos foi possível identificar uma árvore antes dela desaparecer, e então meus pensamentos voltaram para o cenário da tragédia.

Com o olhar crítico de um autorretratista, eu me vi sentado de volta no sofá da fábrica de sapatos, com os olhos fixos na TV. Pensei em Mamãe, embora não tanto na pessoa ou no rosto dela, mas na palavra em si. Livre de qualquer contexto, ela meio que deu cambalhotas no espaço mental que eu tinha aberto com a observação da árvore pela janela do trem.

Pensei no País de Gales; um dos encarregados da operação em Bottle Lake tinha um nome galês, e quando perguntei a ele sobre isso, ele confirmou que o pai dele tinha jogado rúgbi pelo País de Gales. Nós tínhamos ido para uma parte diferente do aterro, para um deserto cinzento onde o lodo tinha sido transportado em caminhões e abandonado em grandes quantidades, o que criou uma paisagem como nenhuma outra – cinzenta, assustadora, cheia de sombras. Ficamos sentados no carro, cercados por um passado subterrâneo que havia sido vomitado, e falamos de lugares no País de Gales onde nenhum de nós tinha estado. Eu mencionei Pembroke Dock. Eu até usei a palavra "avô".

– E você se sente galês?

Duas vezes me perguntaram isso. A primeira vez foi numa partida de rúgbi. Fiquei espantado com a pergunta. Eu tinha 14 anos de idade, e depois dos Welsh Dragons arrasarem Wellington no Athletic Park, fui para o lado da arquibancada onde estavam os torcedores do Welsh, atraído pelos cachecóis coloridos e pelas músicas. Eu devo ter dado uma resposta que agradou, porque cheguei em casa enrolado em cachecóis e coberto de broches e símbolos. Olhando para trás, eu acho que é isso que cada novo Dalai-Lama deve sentir. Num instante ele está brincando com seus brinquedos e no instante seguinte está encarando um círculo de rostos curiosos. Foi muito estranho, mas foi realmente como se eu tivesse sido descoberto. Por um momento, fui galês.

Da segunda vez que me perguntaram isso, eu respondi: "Talvez eu me sentisse galês se soubesse como é ser galês." Silêncio. Meu interlocutor, um homem mais velho do que eu, posicionou o rosto como que para acomodar um movimento súbito da minha parte. Mas eu não tinha feito nenhum movimento desajeitado ou evasivo. Eu tinha falado confiantemente e, na minha opinião, com certo humor. Eu provavelmente me senti feliz comigo mesmo por causa dessa tirada, o que é muito incomum da minha parte, talvez até um pouco galês. Mas o homem, que numa vida passada devia ter sido um juiz da Suprema Corte ou um pescador, continuou a me olhar em silêncio, como se eu fosse uma curiosidade, uma peça de museu, familiarmente, em outras palavras, mas, ao mesmo tempo, como alguém que tinha ido parar tão longe da sua origem que não sabia nada de si.

E agora eu estava a caminho de Pembroke Dock. Belo litoral, o caixa tinha me dito na estação, muito popular entre os mochileiros. Mas eu não estava indo lá por nada disso. Eu estava indo lá precisamente pelo que o lugar costumava ser, mas não é mais.

As sombras recortadas que tinham pairado sobre Wiltshire a manhã toda se foram, e Trowbridge, onde eu tinha passado a noite, foi engolida por campos que nunca tinham sido usados de verdade até se transformarem em outra coisa que então se perdeu no meio da empreitada e voltou a ser campo. De vez em quando, um barco aparecia empacado num canal estreito de água escura, e eu sentia que estava realmente a caminho de algum lugar. Estava guardando meus olhos para o País de Gales. Então, enquanto faltava um pedacinho da Inglaterra para atravessar, eu os fechei. Devo ter cochilado. Quando acordei, estava chovendo. O chato do golfe e seus amigos tinham saltado em algum lugar, e a garotinha tinha vencido a batalha pelo saco de biscoitos. Estávamos parados numa estação. Endireitei o corpo e olhei para fora. Eu estava em Newport, País de Gales.

O trem então voltou a andar. O País de Gales passou pela janela. O velho céu, as velhas paredes de pedra. Aqui, a alvenaria continuava de pé e o que era velho tinha permissão para continuar vivo, se arrastando. Casas cor de pedra-pomes desciam pela colina na direção dos trilhos do trem. Ovelhas. Céu. Grama. Grandes faixas de terreno desocupado, mas, como as falhas na vegetação dos terrenos dos acampamentos onde costumávamos armar nossa barraca, havia sinais de ocupação anterior, de uma paisagem moldada e modelada, depois abandonada e livre para voltar quase ao que era antes. Achei muito parecido com minha cidade, razão pela qual tive que fazer tanto esforço para olhar de novo, para olhar cuidadosamente para os três homens parados num pasto, um deles apoiado numa pá. As três cabeças inclinadas uma na direção da outra, em completo acordo com o que um deles tinha acabado de dizer.

Um dos homens em particular chamou minha atenção. Eu o vi deslizar pela janela do trem – um ombro meio erguido, um rosto amável – e num segundo meu pai desapareceu. Ele está como o vi pela última vez, em 1975, no caixão, um rosto zangado, arroxeado. Não ele de verdade, mas uma versão piorada – um rosto brilhando num bloco de quartzo, sempre aturdido –, que é a versão que resiste no lugar do cara alegre com um copo na mão. Lá está ele, um homem que nunca vi andar de bicicleta. Um homem sem linguagem. Um rosto quase sempre vermelho de raiva contida. O dia terminou de forma inconveniente. Muito diferente do que ele esperava. Naquela manhã mesmo ele tinha chutado os pneus de um carro novo e tirado a tampa do radiador para cheirar a água. Naquela tarde ele caiu morto no chão do banheiro de casa.

    Os agentes funerários vieram e levaram Papai. Mesmo assim, é difícil acreditar que ele não vai entrar pela porta a qualquer momento. Então, enquanto ele não chega, nós nos sentamos em volta de Mamãe na sala, comendo peixe com batatas fritas de um papel aberto no chão.

    Mas é claro que Papai não chega, e mais tarde, naquela noite, volto para meu apartamento de estudante na cidade, dirigindo o novo Mitsubishi Galant prata que ele estava tão ansioso para exibir. Sem fôlego de tanta excitação, como me disseram. A última palavra que ele conseguiu pronunciar foi "Joyce". Mas os passos subindo a escada correndo não eram os de minha mãe, e sim da namorada do meu irmão, Renee.

    Agora estou indo para a cidade no Mitsubishi. Ele parece andar bem. O anel de ônix preto do meu pai está no meu dedo. Os agentes funerários o haviam tirado e entregado a Bob, que o deu para mim, o que foi gentil da parte dele, um gesto atencioso que eu não registrei devidamente na época. No banco de trás há algumas meias de Papai e uma jaqueta de couro. Eu não sei por que Mamãe me deu essas coisas nem por que teve que ser naquela hora. Eu não quis dizer "não, obrigado". As meias estão um pouco velhas e um pouco pequenas, mas eu vou usá-las durante o inverno até que o dedão e o calcanhar rasguem. Eu nunca vou usar a jaqueta de couro, mas vou carregá-la de um apartamento para outro.

Alguns dias depois, me vi parado diante do guarda-roupa dele. Uma pilha de camisas parecia estar esperando por sua volta, e eu pensei que a morte dele era provavelmente uma fraude. Era nisso que a pilha de camisas acreditava, continuei com a negação. Ele vai sair de trás das camisas e me dar um susto. E seu sorriso engraçado vai surgir como antes, do meio da fumaça do incinerador, enquanto eu afofava a terra em volta dos repolhos. Nesse meio-tempo, o guarda-roupa se agita com os cheiros dele – cigarro, loção de barbear, sua amada graxa de sapatos.

Pensei em peixe – deve ter sido o cabide de camisas –, nos arenques que costumávamos pescar e pendurar nas telhas como prêmio, na sua furta-cor metálica como tinta, e no quanto eu detestava arrancar o anzol de suas bocas.

No ano anterior à morte de Papai, eu tinha 19 anos e estava morando em casa, e o sogro de Lorraine, Gordon, ligou para a minha casa. Ele perguntou se Papai estava lá. Eu disse que não.

– Bem, e a Joyce?

Eu disse:

– Mamãe também não está.

Ele suspirou e disse:

– Tenho péssimas notícias. Lorraine morreu.

O que foi que eu disse ao Gordon? Não me lembro. Ninguém jamais tinha me dito algo tão grave. Tenho péssimas notícias, ele disse. Depois que desliguei o telefone, meu único pensamento foi contar a Papai. Era um fim de tarde de sexta-feira, então eu sabia onde ele estava. Entrei no carro que Bob tinha me emprestado e fui até lá. As sombras tinham se espalhado pelo campo de críquete. Os sócios estavam no andar de cima, no bar do clube. Quando subi os degraus de madeira do lado de fora, pude ouvir vozes alegres. Elas pareciam tão distantes das notícias que eu trazia. Fiquei parado na porta e, sem que ninguém apontasse para mim ou cochichasse no ouvido dele, meu pai se virou do bar, surpreso de me ver ali. Eu nunca tinha subido aqueles degraus antes. Então ele baixou os olhos – ele sempre foi muito preocupado com as regras do clube –, aborrecido ao me ver de jeans e pés descalços.

Eu me aproximei dele e simplesmente repeti o que Gordon tinha dito: "Tenho péssimas notícias. Lorraine morreu." Este é um daqueles momentos que eu gostaria que voltasse. Para eu poder fazer melhor. Queria ter contado a ele de uma maneira mais cuidadosa. Queria ter feito muito melhor. Mas eu tinha 19 anos e tudo o que vem com essa idade. A caminho do clube de críquete, eu não tinha me preocupado em *como* eu ia contar a ele. O importante era passar adiante a informação, a *péssima notícia*. E eu tinha feito isso como se estivesse encomendando uma porção de peixe com batatas fritas.

Posso imaginar o choque terrível que ele deve ter sofrido. Não lembro o que ele disse – eu mal dei a ele uma chance de absorver a notícia e sentir alguma coisa. Eu estava impaciente para tirá-lo de lá. O rosto dele ficou vermelho. Ele ficou agitado, como se não conseguisse saber o que sentir ou o que fazer. Enfiou a mão no bolso para pegar as chaves e saiu rapidamente junto comigo. Insistiu para que eu deixasse o carro de Bob lá e fosse com ele. Foi dirigindo mal e aos solavancos, arranhando as marchas. Era como se ele tivesse esquecido como dirigir. Quando fizemos a curva em Windy Point, a roda da frente bateu no meio-fio. Ele deu uma guinada no volante, reduziu a marcha e tornou a engrenar com violência.

Lorraine tinha ido a uma festa na noite anterior. Ela acordou cedo com um ataque epilético e se sufocou no próprio vômito.

Mamãe estava a algumas horas de distância de carro, visitando minha irmã Bárbara em Wairarapa. Papai deve ter telefonado para ela. Não faço ideia de como Mamãe reagiu à dor. Ela não demonstrou nada, pelo menos para mim. Ela se voltou para dentro, refugiou-se naquele lugar onde já tinha estado tantas vezes, sempre que precisava se fechar para o mundo.

    Fomos para Auckland em carros separados. Mamãe com Bárbara. Papai, o marido de Bárbara e eu no outro carro. Na casa de Lorraine, Papai se sentou num assento baixo sob a janela, cobrindo o rosto com as mãos e sacudindo a cabeça. Eu o ouvi dizer que trocaria de bom grado de lugar com Lorraine. No crematório, eu me sentei ao lado dele, e quando as cortinas se fecharam em volta do caixão, o soluço mais desesperado que eu já tinha ouvido escapou dele. Depois veio o horrível som mecânico do caixão descendo para a fornalha, e Papai quase se levantou do meu lado.

    Um ano depois, ele estava morto.

    Os irmãos de Papai que ainda estavam vivos foram ao funeral. Quer dizer, os que tinham permanecido em contato com ele depois que saíram do orfanato. Mas onde estava Arthur? No Canadá, alguém disse. Na cadeia, pensou outra pessoa. Ou talvez ele estivesse morto, como tendo a pensar, embora ninguém tenha dito isso. E quanto a Laura? Eu não ouvi falarem nela. Jack estava lá, difícil deixar de notar o Jack, sem dentes, as gengivas de fora num sorriso, olhos travessos. A irmã gêmea de Jack, Gladys, estava lá. Percy também. Ele era uma versão mais alta de Papai, feições cordiais, reservado. Ele usava um colete cinzento por baixo do terno. Achei que ele parecia um homem de outro século. Ou um advogado. Embora eu só o conhecesse como alguém que costumava beber no Kiwi Pub, em Auckland. No pouco tempo em que frequentei a Universidade de Auckland, passava pelo Kiwi, andava mais devagar e pensava: Talvez eu devesse entrar e dar um alô para o tio Percy. Mas a ideia de um tio, assim como a de um avô, parecia um tanto forçada, e, além disso, o que iríamos dizer um para o outro? Percy morreu um ano depois de Papai, e o filho dele, Alan, espalhou suas cinzas sobre a Alexander Raceway. Anos depois, eu parei em frente a um pub em Bulls para ver Jack. Eu tinha ido de carro até Auckland para pegar Jo, com quem acabara de me casar e que tinha chegado de avião dos Estados Unidos na véspera. Atravessávamos a ilha e eu estava ansioso para mostrar o país a ela. Em Bulls, tive a ideia de parar e apresentá-la a Jack. Jo não conhecia ninguém da minha família.

A última vez que eu tinha estado com Jack foi no funeral de Papai. Desde então ele tinha se aposentado e passava quase todo o tempo no pub, onde, em troca de lavar os copos, tomava cerveja de graça. Olhei em volta, procurando-o. Não vi ninguém que se parecesse com Jack. Perguntei no bar e apontaram para um cara velho, de costas para mim. Passei pela mesa de bilhar e bati no ombro dele. Ele se virou devagar – era Jack, mais debilitado do que eu me lembrava. Ele me olhou e não me reconheceu. Eu tive que mencionar Papai, e então seus olhos ganharam vida. Ele estava sem a dentadura naquele dia, e eu não consegui entender uma palavra do que ele disse. Ele não estava bêbado. Mas sem os dentes e depois de algumas cervejas Jack estava incompreensível.

Jo, no entanto, se comportou brilhantemente. Ela pareceu realmente entrar na conversa. Jack estava radiante e minha mulher sorria do seu jeito americano. Achei que ela estava fingindo entender o que Jack dizia, mas depois ela me disse que o truque era entrar na mesma onda sonora, algo que ela tinha se lembrado por ter estudado espanhol.

Do ponto de vista de uma criança, era fácil gostar de Jack. Ele era animado, estava sempre rindo. O mundo parecia melhor com uma cerveja na mão. Nos registros que tenho de "Jack" há uma foto amarrotada tirada nas pirâmides. Em primeiro plano, um grupo de rostos alegres debaixo de chapéus que parecem espremedores de limão. Um deles é Jack – pelo menos eu acho que é. Não tenho certeza absoluta. Desconfio que posso ter confiscado a foto do álbum de outra pessoa e imaginado Jack. Mas ele serviu no Egito e, quando voltou, ganhou uma fazenda. Tenho uma lembrança muito vaga de ter visitado uma fazenda quando era criança. É um dia de verão muito quente, há cavalos, um morro desmatado a noroeste. A fazenda, eu me lembro, ficava a algumas horas de distância da Stellin Street na direção norte. Eu me pergunto se era a fazenda de Jack. Um outro fragmento de lembrança insiste que Jack tinha um açougue, que faliu. Ele era generoso demais, estava sempre dando carne de presente. Era gregário daquele jeito que Mamãe reprovava em Papai. Jack insistiu em parar em todos os pubs do caminho depois do funeral de Papai. Uma cerveja para cada ano de vida de Papai. Acho que a ideia era essa. Mas me pergunto o quanto eles conheciam da vida um do outro.

No caminho de volta para o velho centro da cidade em Trowbridge, eu me vi num mundo mais escuro de sombras gélidas, cheiro de fritura, e jovens pais mal-humorados empurrando carrinhos de bebê, como símbolos de uma raça amaldiçoada. Eu queria o sol de volta, então tomei a direção das colinas verdes e douradas de Wiltshire que eu tinha visto da janela do meu quarto.

Numa rua calma em frente à velha igreja, parei para olhar para um lúcio empalhado exposto na vitrine de uma loja de artigos usados. O que realmente atraiu minha atenção foi a inscrição: *Pescado por E. Laver em 1909, peso: 9,5 kg.* O ano – 1909 – mais do que o peixe, ou o peixe e depois o ano. Eu sempre confiara no ano de 1909, ano do nascimento de Papai, como sendo uma forma de resguardar o passado, que, naquele momento, no melhor sentido possível de descoberta, por acaso incluía o peixe campeão.

Percebi que alguém me observava do muro ensolarado da igreja. Logo em seguida, o dono da loja saiu de perto do muro e atravessou a rua na minha direção. Eu o cumprimentei com um aceno de cabeça, e ele fez o mesmo. Pondo as mãos na cintura, ficou olhando para o peixe.

Nós dois fitamos o peixe por alguns instantes. Eu estava prestes a dizer a ele que no mesmo ano em que meu pai tinha sido tirado do útero da mãe o peixe tinha sido arrancado das profundezas das lagoas de Bowater quando o proprietário começou a falar. Durante anos, ele disse, o peixe estava exposto na loja de artigos de pesca da esquina. Então, quando a loja passou a enfrentar dificuldades financeiras, ele se ofereceu para ficar com o peixe.

– É um lúcio bem grande – eu disse, e então imaginei se estaria certo porque não sabia nada sobre aquele tipo de peixe. O homem disse que uma vez tinha visto um lúcio de 80 anos de idade. Ele estendeu as mãos e calculou que o que estava exposto devia ter cerca de 30 anos quando foi pescado. Ele forneceu a informação de um jeito cordial, e então disse:

– Quatrocentas libras.

O choque do preço pairou entre nós. Fez tremer o ar. Impossível não notar, e talvez o proprietário tenha notado, porque passados alguns instantes ele disse num tom mais humilde:

– Um pouco menos, se for em dinheiro.
Como eu não senti nenhuma necessidade de comentar ou de me comprometer, continuamos olhando para o peixe.
– É realmente uma peça bonita – o comerciante disse.
Sim, pensei, mas o que eu iria fazer com ele? Gosto de viajar com pouca bagagem, e no dia seguinte eu não queria partir para Pembroke Dock com um peixe de quase dez quilos no bagageiro só porque ele fazia aniversário junto com meu pai.
Na medida em que o ar à nossa volta se tornava comercial, o vendedor se agitava do meu lado. Não havia ainda uma atmosfera de desespero, mas senti que o desespero estava a caminho enquanto ele tentava buscar dentro de si mais conhecimentos sobre o lúcio.
O lúcio tem uma boca achatada. Neste espécime, os dentes eram afiados e regulares. Mas os olhos dele, eu notei, não eram normais. Pareciam mais olhos de um gambá ou de um coelho do que de um peixe, eu pensei, ou então os olhos cor de avelã de uma coruja.
O comerciante confirmou que os olhos do peixe não eram originais.
– Olhos geralmente se desintegram – ele disse.
Eu não sabia disso, e comentei com ele.
– Os olhos de todo mundo se desintegram – ele disse. Ele costumava ter várias caixas cheias de olhos falsos. Tinha centenas deles, amarelos e azuis. – Do tipo que você quiser – acrescentou. Talvez ele ainda tivesse uma caixa de olhos em algum lugar no fundo da loja... se eu estivesse interessado.
Odeio desapontar as pessoas, um traço que desconfio que vem do passado, mas não queria que ele fosse procurar globos oculares que, sem dúvida, depois de tanto trabalho, eu ia ser obrigado a examinar e talvez até comprar. Disse ao

comerciante que não se incomodasse, quando ele subitamente se lembrou em que lugar da loja tinha guardado o estoque de olhos.

— Não — disse eu, e a palavra saiu mais enfática do que eu pretendia.

Ele pareceu um tanto ofendido.

— Por favor — eu disse. Foi isso que quis dizer. Então pensei em perguntar o que ele sabia sobre o pescador E. Laver.

— Nada — respondeu, mas recomendava uma ida a Bowood, uma bela propriedade que ficava uns 15 quilômetros mais adiante. Então ele me disse o que eu encontraria lá: lagoas escuras, o lúcio tinha vindo de uma delas, e depois que ele descreveu o conteúdo da sala de exposição, e eu fiquei espantado em saber que tinha a máscara mortuária de Napoleão e uma seleção de lenços dele, não senti a menor vontade de ir.

⌒

Eu tive que trocar de trem em Cardiff, e na plataforma escutei um certo tom de voz que me trouxe de volta meu pai. Na festa de um vizinho, ele está falando muito solto, muito entusiasmado. Percebo isso pela expressão gelada de Mamãe diante do olhar brilhante de Papai. E ali estão, capturadas na mesma moldura, duas respostas diferentes à rejeição e ao abandono. No caso da minha mãe, uma vida inteira de medo de ser julgada de modo desfavorável, e, no caso de Papai, uma sociabilidade que o leva de acampamento em acampamento por toda a North Island, que dá a ele uma capacidade e uma vontade enormes de fazer amigos em situações temporárias, num jogo de rúgbi, por exemplo, e com certeza no pub. Depois de tomar alguns drinques, aquele espírito brincalhão dele funcionava, até certo ponto.

Mas eu não faço ideia da vastidão que havia dentro do meu pai. Ele dividia tão pouca coisa.

Eu me lembro do dia que o peguei no piano. Aquela era uma peça nova na casa. Quando eu tinha 10 ou 11 anos, houve uma mudança de situação – um incrível reverso da riqueza. Havia um vaso de flores sobre a mesa, um quadro na parede, uma cena de rua em Paris, pintada por Raoul Dufy. Não faço ideia de como aquilo apareceu lá. A promessa de espetáculo estendia-se ao Papai – lá estava ele sentado ao piano, o rosto ansioso para escutar as notas que ele ouvia na cabeça. Foi uma surpresa tão grande, algo tão improvável como ver um cachorro se preparando para montar numa bicicleta e sair pedalando sozinho. Ele não sabia que eu estava lá. Se soubesse, teria se levantado e saído sem jeito da sala. Enquanto estava parado na porta, eu mal o ouvi produzir um som. Será que a sala estava iluminada demais? A escuridão preferida pelos bêbados diurnos teria sido mais adequada para ele do que aquela luz clara, impiedosa que entrava pelas janelas. As mãos dele se abriram de leve sobre as teclas do piano, mas não saiu nenhum som. O piano assumiu o controle total, como se tivesse prendido um arame em volta do pescoço do meu pai.

Fui embora, desejando não ter visto o que vira. Preferia ter achado que ele não sabia tocar piano – o que não seria nenhuma surpresa –, em vez de o ver agir como se soubesse, como um mudo que abre repetidamente a boca na esperança de que as palavras saíam.

Saí sorrateiramente pelos fundos, chutei o cachorro para fora do seu ninho de velhos cobertores imundos, e nós dois nos dirigimos para a leiteria na esquina da High Street. Com certeza eu ia encontrar algum conhecido, de preferência com algum dinheiro roubado. Eu estava com vontade de comer alguma coisa, não exatamente comida, mas talvez um chocolate, ou caramelos, ou um picolé de coco, ou umas balas de hortelã. Eu podia até dar uma olhada nos sacolés.

Então o cachorro viu um gato, e uma mulher que eu não conhecia gritou comigo de uma casa que geralmente estava fechada, e eu esqueci Papai e o piano.

No meio da gritaria dos bichos e da mulher, agarrei o pescoço do cachorro com as duas mãos. Era o mesmo filhote que eu tinha deixado mijar na minha barriga. Agora ele queria estraçalhar o gato. A mulher se abaixou e o gato pulou no colo dela. Ela afagou a cabeça daquele gato de merda. Gritou umas ofensas, depois entrou em casa e fechou a porta.

No silêncio repentino, o ar cheirava a medo de gato e na minha cabeça eu via a superfície brilhante do piano e os olhos cinzentos do meu pai desejando notas que não podia encontrar, que jamais iria encontrar, nem em mil anos.

Dois grandes acontecimentos num espaço de cinco minutos – o mundo enlouqueceu.

Eu preciso me recuperar, então resolvo voltar e caminhar pelo atalho da Taita Drive que o menino retardado costumava pegar para atacar nossa cerca dos fundos. Metade da cerca está comida, e quando passo por ela eu me pergunto o que aconteceu com o menino, já que nunca mais o vi. Ele entra naquela caixa de desaparecimentos súbitos nunca explicados. Isto foi dois ou três anos antes da garota grávida da escola ser abduzida por alienígenas. O cão está de ótimo humor depois do episódio do gato e caminha animadamente ao meu lado. Paira no ar o cheiro forte de erva-doce e um leve odor do depósito de lixo clandestino. A trilha passa pelo campo de golfe e vai até o rio.

Pulo no *tee* mais próximo das casas e caminho pelo corredor de terra entre os buracos até um grande quebra-vento de pinheiros. É difícil distinguir uma árvore da outra; elas foram plantadas tão perto umas das outras que as pontas dos seus galhos se entrelaçam. Deixo o cachorro farejando e se coçando enquanto subo numa das árvores. Subo alto o bastante para sentir uma leve brisa que mal se notava do chão. Consigo ver toda a paisagem até o rio. Na outra direção, ficam os telhados das casas. Lá embaixo, o cachorro olha para mim por entre os galhos. Ele conhece a manobra. No momento em que eu quiser, que não posso prever e que não tem nenhum padrão, eu simplesmente solto as mãos e desço em queda livre – batendo nos galhos.

Sinto como se tivesse me rendido ao domínio completo do corpo, e o medo me invade como um vento interno. Mas eu sei que vou ser sustentado por um galho mais baixo. O medo é passageiro, e o não saber é ilusório.

Meu pai, quando era menino, não teve tanta sorte.

O momento extremamente raro de um carro entrando na rua dele é um sinal de que os tempos mudaram. Ele precisa entrar e fazer a mala. Um estranho está a caminho para levá-lo para outra casa, onde mais estranhos irão fazer uma fila no hall de entrada e olhar para ele com sorrisos rotos.

Ele ganhará uma cama nova num quarto novo. Há novos procedimentos para aprender, uma nova família para conhecer, para entender, e então um dia ele ouvirá um carro entrando no portão e verá um estranho saltar e esticar o corpo à procura de alguém com um olhar que meu pai sabe na mesma hora que é dirigido a ele, não ao cachorro nem à mulher parada timidamente na porta. Ele entra para fazer sua mala. No pórtico, uma mão bate em seu ombro, num outro adeus desajeitado.

Quando eu estou com 10 anos, por motivos que não compreendo, meu pai entra no carro e vai até o Lar dos Meninos de Epuni e volta com um menino um ano mais velho do que eu carregando uma mala velha. A ideia, conforme sou informado, é me dar uma companhia, uma vez que meu irmão e minhas irmãs saíram de casa há muito tempo. Mas eu nunca pedi uma companhia, e além do mais eu tenho todos os amigos que preciso; e além disso tem o cachorro, o bobalhão, enfeitiçado pelo próprio rabo, aficionado por ele, dando voltas, até que finalmente consegue mordê-lo e salta pelo gramado com o rabo na boca. O que pode ser mais divertido do que isso? E tem Rex, a salamandra, e os saltos que eu dou do alto das árvores.

Imagino que o garoto veio morar conosco por causa de outra conversa da qual nunca fui informado, bem como de um desejo de dar a um órfão abandonado uma infância melhor do que talvez Mamãe ou Papai tiveram.

Minha irmã Lorraine e o bebê dela, Nicole, ainda estão morando num trailer no camping de Hutt Park, então o garoto novo fica com o antigo quarto dela. Ele é em frente ao banheiro, mas mesmo assim o menino do asilo consegue molhar a cama quase toda noite. Não importa quantas vezes ele se lave e tome banho, ainda assim cheira a mijo. Ele também rouba dinheiro da bolsa da mãe do meu amigo (mas o filho dela também faz isso, e muitos anos depois ele vai parar na cadeia de Long Bay, em Sydney, por receptação de carros roubados). Ainda assim, é embaraçoso. E numa exibição de *A noviça rebelde* a vergonha alcança novas alturas quando, com sua voz estranhamente rouca, cheia de indignação pelo fato de Von Trapp não terminar o Pai-Nosso no modo normal, o garoto do asilo grita para todo mundo ouvir dentro do cinema: "Ele se esqueceu de dizer amém!"

No quarto dele tem duas camas. A que ele escolheu é empurrada contra a parede atrás da porta, de modo que ao abrir a porta o quarto parece vazio, uma alegria de ver, mas então eu sinto aquele velho cheiro de mijo e, quando olho para o canto, lá está ele, onde sempre estava, com um ar triste, parecendo um cachorro que sabe que você sabe que ele peidou. Eu estava louco que ele fosse embora. Nove meses depois de tirar da mala seu pijama no antigo quarto de Lorraine, ele é devolvido ao Lar dos Meninos Epuni.

Durante vários dias eu mantive fechada a porta do quarto dele. Quando a abri de novo, e abri a janela, foi como se ele nunca tivesse estado lá.

O nome dele era Stephen.

Gosto de pensar que se tudo tivesse sido explicado de outro modo, se tivessem me contado sobre a infância do meu pai, eu teria demonstrado mais paciência, mais tolerância. Mas eu nunca adivinhei as razões por trás do que parecia ser algo inexplicável – trazer um garoto estranho para casa e depois fingir que aquilo era perfeitamente normal.

⌒

Estava chovendo de novo, o vidro da janela do trem ficou embaçado e o País de Gales sumiu de vista. Restava-me apenas o cheiro solitário do trem. Fechei os olhos e pensei outra vez na peça nova da casa e, seguindo o som das notas pelo corredor, no choque que senti ao ver Papai sentado em transe ao piano, com seus dedos grossos de soldador pousados sobre as teclas.

O País de Gales não me disse nada. Ou talvez tenha dito e eu não consegui ouvir direito pela falta de familiaridade com suas notas maviosas, por não ser capaz de identificar a suavidade, que mal parecia existir. País de Gales. Ele sorria de leve como parentes que perderam o contato e sabem que devem reconhecer uns aos outros, mas não conseguem mais saber com quem estão falando.

O filósofo Ludwig Wittgenstein uma vez examinou as fotografias dos seus irmãos e primos e com a ajuda de um fotógrafo amigo as sobrepôs para produzir uma "aparência de família". No País de Gales, percebi um certo tipo de olhar de relance, uma atitude evasiva de quem queria ver tudo, mas não queria ser observado. Em outras palavras, eu me vi.

Havia também um outro trejeito que parecia me refletir. Mas no instante em que tento identificá-lo ou descrevê-lo ou dividi-lo em partes que possam ser descritas, como nariz, maxilar ou olhos, a observação se desfaz. Não consigo ser mais preciso. Exceto para apontar a misteriosa sensação de familiaridade que senti num lugar que jamais havia visitado. Foi assim no País de Gales. Uma lenta filtragem entre mim e aquilo que eu observava, até que eu também poderia ter sido embaralhado num bando de nativos, *a la* Wittgenstein, sem poluir a "aparência representativa".

Esta possibilidade não me anima; significa algumas características indesejáveis alegando pertencimento no interior da minha circunscrição pessoal e da minha memória cultural – uma deterioração e uma dose considerável de amargura, a grosseria dos chefes de estação, a péssima comida e os banheiros quebrados (quase sempre misteriosamente trancados), a operação sindicalizada da comida de rua, as ovelhas imundas que vi pela janela do trem e que demonstravam um certo relaxamento. A música e a dança, assim como os porres do lugar, também entram na mistura.

E se eu sofresse um terremoto pessoal e fosse dividido ao meio, estou certo de que um grupo de caras estranhos iria sair de dentro de mim com uma cerveja numa das mãos e um punho fechado na outra, e que a tentação de brigar se confundiria com a de cantar. Outra gangue iria sair correndo para as montanhas sem nem olhar para trás, e um grupo menor iria se dirigir para o cume e, sob um céu baixo, seguir em frente, rumo ao distante promontório.

Eu poderia acrescentar um toque de estoicismo iniciado com uma linhagem de marinheiros e lavradores que chegaram no outro lado do mundo e emergiram na forma do meu pai. O estoicismo parece ter parado nele. Não foi passado para os filhos, e mesmo que fosse nós o teríamos jogado fora como uma roupa suja e fedorenta. Não, nós não desperdiçamos o momento quando achamos que podemos melhorar nossa situação gritando e berrando.

Papai, por outro lado, saía no escuro todo dia, debaixo das piores condições de tempo, sem ligar muito para isso porque, no fim das contas, estamos em julho, e em julho chove. Ele descia os degraus da varanda e a aba do seu chapéu começava a transbordar com a chuva fria sem que ele parecesse se dar conta. A única vez na vida que ficou livre da fábrica e dos seus instrumentos de solda foi quando ele foi explorar ouro nos anos 1930. Essa foi a única parte do passado dele que eu o ouvi comentar. Ele matava veados para comer, e quando tinha vontade de saborear uma truta, atirava um bastão de explosivo no rio.

Uma vez, quando eu tinha 10 anos, ele me levou para as minas de ouro. Nós paramos num pub no meio do nada. Papai conversou com o barman. Devo ter desviado o olhar ou ter me distraído com a cabeça de porco na parede, e quando olhei de novo vi um jarro de vidro cheio de pepitas sobre o bar. Fomos para as minas de ouro, estacionamos no final de uma estrada e caminhamos pelas pastagens. Vi um cordeiro nascer.

Ele estava na posição errada e Papai teve que enfiar a mão e fazer algumas manobras para o cordeiro sair. Ele estava coberto com uma gosma amarela. Nós o vimos ficar em pé. Ele balançou um pouco. Depois abriu os olhos. Tenho a impressão de que ele viu Papai, com um toco de cigarro pendurado na boca, antes de ver a mãe dele. Ele deve ter se perguntado em que tipo de mundo tinha chegado e como pode haver tipos tão diferentes numa família.

Continuamos a atravessar os campos, descemos por uma trilha e nas margens do rio encontramos uma enorme comporta. Agora que Papai tinha o cheiro do lugar em suas narinas, ele começou a escalar aqui e ali. Fui atrás dele e o encontrei olhando muito concentrado para algo que por si só não passava de uma ribanceira, depois uma piscina nas pedras e uma vez, eu me lembro, uma árvore. Subimos outra trilha e saímos do mato numa pastagem com pedras espalhadas. Eram as fundações de casas que tinham sido queimadas ou levadas pelo vento. Eu o segui de um monte de pedras a outro, até que ele parou, certo de que ali era o lugar onde ele tinha dormido no chão durante três anos. No capim ressecado, eu contei quatro pedras formando um quadrado. Cada homem tinha um lado só para si. Eu perguntei qual era o lado dele, e ele apontou para uma linha no chão. Não cogitei duvidar dele. Mas agora que ele tinha encontrado o lugar, não havia muito mais a fazer, a não ser olhar para o chão e contemplar o mundo daquela posição. Era como estar num trem atravessando o País de Gales. O tempo passava mais devagar no rastro de uma análise longa e obrigatória.

Alguns anos depois, eu iria percorrer uma encosta que desce da estação de trem de Bendigo para Lake Dunstan, em Central Otago, South Island, onde uma comunidade de exploradores de ouro galeses e suas famílias tinham resistido por doze anos. Os remanescentes de seus chalés de pedra e um vasto sistema de lavagem de ouro ainda estão lá, junto com uma igreja e uma escola e diversos caminhos de pedra que ligam um chalé a outro para cima e para baixo da encosta e por cima de um riacho de água potável.

O céu estava claro, não havia vento, e embora fosse início da primavera, estava surpreendentemente quente. Mas no inverno os reservatórios de água congelavam. Os mineiros galeses e suas famílias devem ter precisado de uma certa coragem para suportar aquelas condições.

Meu pai tinha sempre no rosto uma expressão de vazio. Se derramassem piche quente dentro do seu crânio, ele não reclamaria. A pele das mãos dele era grossa de tanto manejar aço. Eu o vi arrancar tojo do chão com as mãos nuas. Suponho que quando alguém se esvazia nada o queima ou machuca. Eu não tenho o autocontrole dele, mas tenho a expressão que decorre de tal característica.

Na viagem pelo País de Gales, eu vi essa expressão em rostos enfileirados nas plataformas de estações – uma expressão de vazio, quase melancólica.

⌒

Estava chovendo em Swansea também. Quando paramos na estação, eu mal conseguia enxergar do lado de fora das janelas. Então o trem voltou a andar, graças a Deus. E quando saiu de uma ponte – acho que era uma ponte –, senti uma agradável sensação de elevação e de estar sendo arremessado para fora da cidade – deixamos para trás a chuva cinzenta e mergulhamos na luz do sol, e, a apenas dez minutos de distância da escura Swansea, surgiu um vasto estuário de areia molhada e fortes correntezas. Uma fenda se abriu nas montanhas costeiras e meus olhos fitaram o horizonte e tornaram a voltar para os baixios de areia que se moviam rapidamente de um estado para outro da mesma forma que as marés.

Em seguida, como se a janela do vagão tivesse sido atingida por cocô de gaivota, apareceu um acampamento, que destoava de tudo que eu tinha visto até então, e o trem se dirigiu para o interior, para as colinas verdes e as longas cercas vivas que desciam pelas encostas.

Uma sombra com a forma de um lago escuro ou de uma montanha distante se movia junto com a nuvem.

Sombras por toda parte, saindo a passos largos dos vales.

Três quartos de mim são daqui.Tenho que lembrar a mim mesmo disso constantemente.Três quartos de mim são estrangeiros. Eu sou o rabo de um cometa desaparecido.

Eu me pergunto o que passou para mim – o que absorvi sem querer. Costeletas, pelos atrás das orelhas, uma suscetibilidade a resfriados e propostas audaciosas, um gosto por doces, um ar persistente de policial, mas também uma atração pelo anárquico, não tanto pela queimada de árvores, mas por queimar o lixo atrás da casa, o que fazia com que nos escondêssemos atrás de uma moita de giestas e nos cobríssemos com suas vagens de sementes pretas, apavorados com o que tínhamos feito enquanto as sirenes dos carros de bombeiros vinham aos berros na direção do incêndio. Uma raiva generalizada – dirigida contra diversos alvos: genocídio, mau atendimento em cafés, o cotovelo de alguém avançando no meu espaço em aviões –, uma irritabilidade mais ou menos constante, como uma agulha magnética oscilando. Não faço ideia de como era a aparência física do pai do meu pai, o homem que se afogou no mar.

Minha mãe tinha o que costumavam chamar de "nariz romano". Suponho que o deva ter herdado da mãe ou do pai. É difícil dizer olhando as fotos de Maud. Ela parece que está tentando apagar as tochas de uma caça às bruxas com um sorriso irresistível. Então o nariz, até onde dá para ver, está menor. Talvez Mamãe o tenha herdado do fazendeiro. E que parte dele eu herdei? Uma foto seria útil. Uma foto poderia dizer tudo. Aí eu poderia olhar para ela, até que minhas próprias feições começassem a se transformar nas dele, e uma colonização inversa fosse feita – se eu tivesse essa fotografia.

É claro que nem sempre fotografias são confiáveis. Assim como uma paisagem pode mudar, um rosto também pode. Quando minha mãe tinha 40 anos, pouco antes de eu nascer (e *em consequência disso*, como ela dizia, ela ter tido pré-eclâmpsia), um dentista, com alguma autoridade, sugeriu que seria melhor para ela arrancar os dentes, e arrancou todos eles. Isso tinha se apresentado a ela como sendo uma economia futura. Não haveria mais contas de dentista. Além disso, dentes falsos eram uma solução muito moderna. Eu me acostumei rapidamente com a visão da dentadura dela, dentro de um copo d'água na mesinha de cabeceira. Quando eu entrava no quarto dela para treinar ortografia antes da escola, a dentadura estava naquele copo d'água. Mamãe estava estudando esperanto na época. Eu desconfio que ela tinha algum sucesso com aquela língua inútil sem os dentes – uma língua sem pátria, um pouco como aqueles dentes parecendo desenho de história em quadrinhos dentro daquele copo.

Houve um momento no trem em que eu olhei para fora e imaginei uma visão sobreposta de mim mesmo com a do "homem que se afogou no mar". Nossos olhos pousaram nos mesmos chalés brancos, na mesma floresta pantanosa, no céu, fugindo de um e dando as boas-vindas ao outro. Fantasia, é claro, porque, apesar da imagem introspectiva batendo no vidro da janela, durante a maior parte do tempo eu me sentia distanciado, como acontece num trem, quando os ventos contrários que batem no seu rosto são profundamente individualizados e o país que você contempla se confunde com outras paisagens.

Uma mulher que conheço da fábrica de sapatos compra um bilhete de loteria toda semana. Gosto de implicar com ela por causa disso. Gosto de bancar o cético diante da sua fé inabalável em milagres. Na minha viagem pelo País de Gales, eu me perguntei o que ela acharia de mim agora, a caminho de um lugar na esperança daquele momento instigante de súbita iluminação, quando as origens iriam ser reveladas. Ela era gentil demais para rir, como eu costumo fazer do seu hábito de comprar bilhetes de loteria.

Pelo menos meia dúzia de vezes eu tive vontade de saltar do trem – a primeira vez foi perto de Newport, quando os vidros das janelas ficaram embaçados. Foi um choque descobrir com que facilidade a vontade de continuar me abandonou. Então houve um momento num cruzamento de estrada de ferro – eu me esqueço onde. As nuvens se abriram e, quando os sinos tocaram, os campos ao redor ganharam vida. Eu senti um impulso irresistível de saltar. Estava cansado do trem. Queria entrar na paisagem, achar um pub e me sentar a uma mesa do lado de fora com o jornal e uma cerveja. Eu aproximei o rosto da janela, e um trem veio da outra direção. Ele sacudiu o vagão, então passou, e tudo ficou imóvel daquele jeito pós-trauma. Os sinos se calaram, e o trem tornou a andar na direção de Pembroke Dock.

Eu estava um pouco cansado de mim mesmo, tanto quanto do trem. Estava cansado de Rooney, o atacante do Manchester

United olhando de cara feia para mim. Eu peguei o jornal. Queria achar uma lixeira. Mas então achei melhor dar uma olhada no jornal antes, e foi assim que vi uma história sobre um lavrador caçando mochileiros ao longo da costa de Pembroke.

A violência do homem me fez lembrar de Joseph Dally, que, mais de vinte anos atrás, sequestrou uma adolescente numa rua perto de onde fui criado e a levou de carro para a estrada costeira, onde quando eu era criança tinha passeado com Mamãe e Papai, contando as enseadas, louco por um biscoito. Na enseada, com os restos de um velho píer, de onde o gado podia ser embarcado para o porto na época do abate, costumávamos parar para comprar biscoitos, e foi lá que Dally enterrou viva a sua jovem vítima. Agora eu não consigo andar naquela praia sem pensar na menina. Nenhuma toalha de piquenique estendida na areia irá apagar a lembrança do que aconteceu naquela praia. E enquanto o trem saía apitando de um túnel, uma outra lembrança daquela mesma praia me veio à cabeça.

Eu roubei uma garrafa de vinho em casa para fazer um "piquenique" com uma garota que está deitada na areia ao meu lado. De vez em quando uma onda se aproxima e escorre pelas pedras. O céu se movimenta. A balsa que liga uma ilha a outra passa perto o suficiente para enxergarmos os passageiros enfileirados no convés. Eles estão olhando na nossa direção, mas não conseguem nos ver. Eu imagino se alguém viu Dally e acenou para ele enquanto ele dirigia por esta estrada costeira. Eu nunca pensava no gado aturdido, com a garganta cortada, quando via o porto vermelho com o sangue dos abatedouros de Ngauranga e Petone. Nunca fiz essa relação.

Anos atrás, quando conheci Mavis, prima da minha mãe – em outras palavras, sobrinha daquela velha canalha da Maud –, ela me contou que no dia em que foi buscar minha mãe na estação em Taunton ela estava tão nervosa que preferia ter ido arrancar um dente.

Segundo o relato dela, e o de Mamãe, a visita foi um grande sucesso. Mais ainda, desconfio, para Mamãe. Mavis a tinha tratado como uma pessoa da família. E então um botão perdido foi repregado no tecido.

Mavis estava parada na porta de sua casa na Hamilton Road, esperando por mim, quando meu táxi parou. Magra, grisalha. Com um jeito muito parecido com o da minha mãe.

Lá dentro, Mavis me serviu um xerez, uma bebida que Mamãe gostava muito, até sua descoberta triunfante do gim-tônica. Mavis tinha separado o álbum, e antes do almoço examinamos o lado da família de Maud – uma longa linhagem de mulheres que criaram os filhos sozinhas, os maridos mortos em guerras distintas, uma mistura de professoras e donas de casa ligeiramente excêntricas que, eu fiquei contente em saber, não gostavam de trabalhos convencionais. São elas que estão nas fotos, contemplando pastagens vazias.

Era incrível como Mavis falava igual a Mamãe. Como é possível que uma mulher que praticamente nunca saiu de Somerset possa falar igual a uma mulher que nasceu do outro lado do mundo?

Mavis tinha conseguido uma bolsa de estudos em uma escola chique só de meninas, e lá o sotaque local fora expurgado até ela falar, estranhamente, igual à minha mãe, que só tinha estudado até os 12 anos, mas que com algum esforço consciente, desconfio, criou uma voz para si mesma que deve ter aprendido ouvindo rádio.

Depois de um almoço de camarões, voltamos para a sala da frente para ver os outros álbuns.

Antes de Maud desistir da minha mãe, ela teve dois meninos com Harry Nash, Ken e Eric, em um pequeno intervalo. Este talvez fosse o momento de perguntar a Mavis o que ela sabia a respeito de Nash. Ele era um jardineiro ou trabalhava com couro? Mas não pensei em perguntar. A fotografia que eu analisei mais devagar foi a de Maud com os filhos. Mavis disse que Maud esteve lá de visita com os meninos depois da guerra, no início dos anos 1920, e ficou naquela mesma casa. Não fiz as perguntas óbvias. Por quê? Ou se Maud tinha mencionado a existência da minha mãe para a família dela na Inglaterra.

Continuei olhando para aquela foto de Maud com os filhos. Oficialmente, eles parecem completos. Extraoficialmente, alguém está faltando.

Nas semanas que se seguiram ao terremoto de fevereiro de 2011, um homem falou em rádio nacional que, vasculhando os escombros da casa da família dele, tinha encontrado o diploma de contabilidade do avô, de 1937. Aposto que se tivessem pedido a ele para fazer uma lista dos seus bens mais preciosos um diploma de contabilidade não estaria nela; entretanto, a alegria na voz do neto era evidente.

Voltei a ficar esperançoso quanto ao que eu poderia encontrar em Pembroke Dock. Eu queria que fosse algo positivo sob algum aspecto – uma surpresa, como o diploma de contabilidade encontrado nos escombros.

Eu disse a mim mesmo para não ser crítico demais. Uma voz interior de sabedoria totalmente desconhecida me aconselhou a deixar as coisas fluírem.

Quando o trem diminuiu a velocidade ao se aproximar de Tenby, alguns mochileiros de meia-idade usando chapéus e cachecóis foram para a frente do vagão. Eu os vi se reagruparem na plataforma, equipados com mochilas, segurando bastões de caminhada. Enquanto eles batiam com os pés para espantar o torpor do trem, eu os fitava com um interesse mal-educado, como costumava olhar para Rex, a salamandra, observando a cor do rosto deles, a estrutura dos ossos e a aparência pouco lisonjeira dos seus corpos, como sacos para serem enchidos e arrastados pra lá e pra cá. Quanto mais eu olhava, mais via o ferro-velho da origem genética. Havia um caráter silvestre naqueles rostos ali na plataforma. Eles ouviam mais do que falavam e pareciam sofregamente introspectivos.

Então, quando deixamos Tenby, vi algo que, como um momento de profunda vergonha, eu não consigo esquecer.

Olhei por acaso para as linhas pintadas de um estacionamento vazio. Estavam totalmente erradas. Com isso, quero dizer que havia algo de estranho nelas. As regras de estacionamento tinham sido abandonadas, mas não, até onde pude ver, por alguma razão útil. Em vez de linhas interrompidas pintadas com os intervalos habituais, estas tinham sido transformadas em retângulos por um cara excessivamente cuidadoso com um pincel na mão. Aquele era o tipo de atenção desnecessária ao detalhe errado que, indelicadamente naquele momento, eu associei com um pai que uma vez tinha construído para mim um carrinho com uma engenharia tão complicada que quando pegava velocidade não havia como pará-lo, e muitas vezes eu tive que me jogar no gramado cheio de cocô de cachorro de um vizinho segundos antes da geringonça de ferro bater na cerca de arame no final da rua.

Eu gostaria de não ter visto aqueles retângulos estúpidos em Tenby, porque, quando imaginei quem seria capaz de se dar tão mal numa tarefa simples como pintar linhas no chão de um estacionamento, percebi, abalado, que eu seria.

Entramos em Pembroke – prédios pequenos, rústicos, de pedra, terrenos inclinados, uma sugestão de mar. Éramos apenas dois no vagão. O outro passageiro era um homem que parecia um enorme rocambole de geleia, que tinha passado várias horas afundado num banco no fundo do vagão. Quando ele se levantou para atravessar o corredor, temi por ele, já que ele parecia perfeitamente capaz de explodir catastroficamente, se não fossem as roupas e o cinto apertados. Eu me vi olhando para as dobras de carne penduradas em diversas partes do seu torso, e lá fora na plataforma, onde meu olho o seguiu, vi as acolhedoras dobras das montanhas.

Quando o trem deixou Pembroke, a vista do outro lado do corredor revelou uma planície, e entre duas montanhas, uma linha de mar, azul como eu esperava.

~

Pembroke Dock tem um certo tom de Gilbert e Sullivan, o que é apropriado considerando o que saiu de lá.

Por muito tempo nós acreditamos que o pai do meu pai, Arthur Leonard Jones, tinha nascido num porto, no meio de guindastes e armazéns falidos, entre gritos de gaivotas, xingamentos e apitos de navio, um local de nascimento que combinava a urgência da partida iminente com o efeito tranquilizador dos cais.

Nós também dizíamos com absoluta convicção que era normal os oficiais da Marinha britânica registrarem o porto como sendo o local de nascimento dos seus filhos. De algum modo, sabia-se – ou então foi decidido – que o pai de Arthur era um oficial da Marinha britânica. Então o local de nascimento dele sempre pareceu ser um lugar desprovido demais de raízes comunitárias para ser definido exatamente como um lugar. Nunca me ocorreu que Pembroke Dock é mais que um porto, estendendo-se para além dos muros altos de sua costa histórica, abarcando uma cidade e colinas íngremes que contemplam o Mar da Irlanda.

Depois de deixar rapidamente a estação, parei perto de umas lojas e pensei: "E agora?" No trem, meu destino nunca foi posto em dúvida, mas agora que eu estava ali ele não parecia muito preciso. Não havia nenhum endereço para procurar nem porta para bater. E agora que estava ali eu não sabia o que fazer, a não ser uma cara de quem sabia o que fazer e como proceder, e portanto, neste estado imitativo, peguei minha mala e continuei andando. Olhei em volta, mas nada que vi ficou na minha memória por mais de poucos segundos. Dava a impressão de uma dessas missões impossíveis em que mandam você buscar alguém que não conhece numa estação de trem lotada. Eu tornei a parar, e levantei o nariz para o ar, e então, eu me lembro, identifiquei alguma coisa. Era a brisa marinha. Ele vinha descendo pela rua principal. Eu peguei minha mala e fui na direção dele.

Logo eu me vi olhando para os majestosos e resistentes muros de pedra do cais do porto. Um alto-relevo em bronze mostrava uma multidão predatória de comerciantes e suas esposas esperando do lado de fora dos portões no dia do pagamento. As coisas eram assim na Stellin Street, 20. Papai levava para casa o salário e entregava para Mamãe, que dava a ele um trocado para comprar cigarros. No bronze, os trabalhadores com seus capuzes de pano puxados sobre os rostos se preparam para enfrentar a multidão. Eu já tinha visto homens com aqueles rostos antes, apertados no banco de trás do nosso carro.

Papai ia sentado na frente, Mamãe dirigia. Os ombros de três outros soldadores me espremiam no banco de trás. E ninguém falava – nem uma palavra –, até o carro diminuir de velocidade e parar, a porta de trás abrir, e então ouvia-se um cansado *Obrigado, Joyce, até mais, Lew.* Aí o silêncio de novo, um silêncio carregado de trabalho árduo se derramava outra vez no ar abafado do carro, e lá íamos nós para a casa seguinte, com o carro mais leve a cada parada, como uma mudança de estações do ano, até ficarmos só nós, e uma oportunidade para Mamãe perguntar a Papai:

– Então, como foi o dia? – Embora eu não me lembre de já tê-la ouvido fazer essa pergunta.

Segui os muros ao longo de uma estrada íngreme até o porto, e lá subi num dique de pedra para contemplar a paisagem: o ar agora vinha do mar aberto, mas conservava um traço de familiaridade que eu atribuí aos emaranhados de grossas algas marinhas marrons que se moviam sob meus pés nas paredes de pedra de Pembroke Dock. A maré estava pela metade, e do outro lado da enseada eu podia ver as marcas da maré cheia na praia e, mais acima, um farol muito branco erguia-se contra uma montanha sombreada, com o topo dominando o horizonte – e, sim, bem poderia ser o farol de Pencarrow. O sol saiu e iluminou Pembroke Dock. O verde das colinas se tornou ofuscante e os azuis do porto foram realçados. Eu vi um caminho para subir a montanha até o farol, mas não havia tempo. Eu tinha decidido que não havia mais tempo. O trem ia partir em 45 minutos e naquele momento, ou talvez quando eu parei antes nos muros do cais para ver o relevo em bronze dos trabalhadores, decidi que queria embarcar nele.

Será que o fantasma de Arthur Leonard Jones me olhou com um sorriso alegre? Mas de onde? Da porta de uma loja?

Do cais? Do relevo em bronze? Eu não consegui encontrá-lo naquele grupo de pessoas usando capuzes de pano. De um convés inclinado? Mas não havia navios nem veleiros no porto, a não ser a balsa irlandesa, e eu não olhei para ela. Não conseguia imaginar onde ele poderia ter estado. De lugar nenhum veio o grito "Aqui estou eu!".

Não consigo explicar a sensação de urgência em tomar aquele trem. Só posso dizer que ela era igual à determinação que me fez viajar de tão longe para este porto no sudoeste do País de Gales.

Quando éramos crianças, costumávamos mergulhar até o fundo do mar e pegar um punhado de areia para provar que havíamos tocado o fundo.

Em Pembroke Dock, eu tinha tocado o fundo. Agora me via olhando ansiosamente em volta, procurando algo para levar como prova. Algo bom e sólido, desejei, uma referência para quando Pembroke Dock fosse mencionado no futuro.

A ideia me ocorreu enquanto eu estava ali na beira do cais. A nuvem foi embora, e o sol iluminou o mar. Eu olhei para as montanhas e vi o farol de Pencarrow e a paisagem se fundiu e depois tornou a se separar. A sombra de um foi instantaneamente preenchida pela presença do outro.

E então eu comecei a correr como louco de volta para a estação.

⌢

Os bancos do trem ainda estavam virados para Pembroke Dock. Era como se estivessem me esperando. Então, quando partimos, senti um pouco de arrependimento. Talvez, como Arthur Leonard Jones, eu estivesse sendo impulsivo. O sol tornou a aparecer e eu notei as flores silvestres nos campos e a brancura dos muros; então ele se escondeu atrás de uma nuvem grossa e tudo voltou a ficar escuro e o arrependimento passou. Impressões obtidas com dificuldade e outros indícios secundários abandonaram meus pensamentos, até que Pembroke Dock voltou a ser o lugar que costumava ser, um lugar na certidão de nascimento de um avô que eu nunca conheci. Casas isoladas apareceram, como repúblicas dissidentes. As casas mais imponentes tentavam romper com a mediocridade de sua própria presunção. Eram estreitas, sem a menor necessidade. Acres de terreno cercavam cada uma. Era como se elas não quisessem aparecer ou ocupar mais espaço que uma casa geminada, que era exatamente o que elas aparentavam ser – casas geminadas retiradas do aconchego de suas vizinhas e depositadas no meio de um terreno vazio. De vez em quando, uma casa de fazenda branca erguia-se acima de uma cerca viva distante, oferecendo uma visão rural. Mais perto dos trilhos, em córregos estreitos, via-se um gado letárgico. O reflexo do trem cintilava em lagoas escuras. Um céu pré-industrial apareceu, um pedaço de azul georgiano, fofas nuvens brancas. Eu meio que já esperava avistar uma mulher de cabeça coberta carregando uma cesta de ovos e acenando para o trem.

 Refleti sobre a decisão drástica do emigrante de deixar para trás os sólidos aglomerados de moradias. Imaginei discussões acaloradas sobre as vantagens de uma vida nova ouvidas através de cinco conjuntos de paredes, os boatos começando logo em seguida, depois as despedidas tristes com um ar de enterro. E, como na morte, os nomes dos que partiram sendo falados, lembrados de vez em quando, sua ausência registrada do mesmo modo que o rugir do vento marca o lugar onde antes existiam florestas.

Alguns anos atrás, minha irmã Pat começou a pesquisar a história da nossa família. Era um tempo em que documentos pertencentes ao governo só eram acessados com grande dificuldade e perseverança. Num Natal, ela trouxe para Mamãe e para nós todos um caderno encapado com pano azul contendo certidões de nascimento e de óbito, algumas cartas, alguns artigos de jornal. Pela primeira vez soubemos o nome do pai de Mamãe. Os esforços de Pat também desencavaram os Bibby, os pais de Eleanor Gwendoline Jones, avós de Papai e meus bisavós, coisa que são, mas que eu nunca soube que eram.

Na época em que o caderno azul surgiu, minha noção de família era restrita à minha família imediata. Os Bibby ficavam muito distantes na história e não tinham a carga mítica que poderia ter chamado minha atenção.

Fiquei mais impressionado com a história da família da minha mulher. Havia registros dela por toda parte – em fotografias, em filmes caseiros, em histórias –, parte disso se transformou em mito. Como Max, por exemplo, preso por suas atividades revolucionárias na Rússia nos anos 1880, cuja fuga só foi possível graças a sua mãe, que cantou instruções em iídiche debaixo da janela da cela onde ele estava. O irmão de Max, Joe, tinha uma cicatriz no rosto feita por uma espada. Por causa da cicatriz, o pai da minha mulher, Jerry, sempre achou que Joe era o herói. Na verdade, Scarface tinha delatado o irmão. Também fiquei impressionado com o fato da avó da minha mulher ter sido uma das primeiras farmacêuticas do Brooklyn, Nova York, e por ela vender heroína para o crime organizado e ter licença para portar arma de fogo, como mostram as fotografias, num coldre preso por cima do vestido.

A história da nossa família se resumia a um pouco mais que uma lista de nomes, e nenhum deles com talento especial para nada.

Mas, da segunda vez que passei por Swansea, eu me lembrei de repente dos Bibby.

John Bibby, "marinheiro", e sua esposa de 16 anos, Mary, ambos analfabetos, aparecem no registro de imigrantes a bordo do *Asia*. Eles saíram de Tilbury Dock em 1874 para tentar a sorte no rústico povoado de Kaitangata, na região de Otago.

Numa notícia de jornal sobre uma acusação de agressão contra o bisavô Bibby, referem-se a ele como "fazendeiro", uma descrição generosa do dono de um "terreno modesto" comprado como parte da venda do Cemetery Reserve. Em outra notícia ele aparece como sendo um "colono". E como "cortador de linho" numa longa reportagem de um caso onde seu nome aparece como suspeito de atear fogo numa carga de "raspas de aveia" do vizinho avaliada em 100 libras.

Bibby tinha se aborrecido com uma insinuação de um inspetor da Comissão de Controle de Coelhos de que ele não estava fazendo a sua parte para diminuir a população local desses animais, e, consequentemente, sentiu um forte impulso de bater no homem. No inquérito a respeito do incêndio proposital, um caçador de coelhos que trabalhava na região onde o incêndio ocorreu disse que Bibby estava sempre na montanha e que dez dias antes do incêndio tinha dito a ele que seu vizinho, um homem chamado Smith, "era capaz de cortar sua garganta, se tivesse a oportunidade, mas que ele (Bibby) iria prejudicá-lo qualquer dia". Bibby negou que ele e Smith fossem inimigos. Disse que nunca tinha feito ameaças ao vizinho nem a qualquer pessoa. Depois disse que não se lembrava de ter falado com o caçador de coelhos que Smith era capaz de cortar a garganta dele e que iria prejudicá-lo. Mas ele "não iria jurar que não tinha dito isso".

"O acusado deu um longo depoimento incoerente, esforçando-se para provar provocação", o artigo dizia.

O jornal *Clutha Leader* conclui com a decisão do júri: "A mercadoria (no valor de 100 libras) foi incendiada de propósito por uma pessoa desconhecida."

Bibby pode ter tido motivo. Em outra matéria, ele é a vítima de um incêndio proposital. Ele acorda durante a noite com latidos de cachorro e descobre que seu estoque de quinhentos quilos de aveia está pegando fogo. Enquanto tenta apagá-lo, ouve um homem se movimentando ali perto. O homem foge; Bibby corre atrás dele, mas não o encontra. O artigo também fornece alguns detalhes sobre o casamento. Os Bibby dormem em quartos separados. Mary Bibby tinha saído de casa uma vez, "em consequência de uma discussão com ele", mas também depois que os porcos do casal foram envenenados e algumas coisas, roubadas. Bibby tinha pedido a ela várias vezes para voltar; finalmente ela cedeu, só para aquele incêndio aumentar sua infelicidade. A matéria de jornal também menciona que, antes de se mudarem para o endereço onde viviam na época, os Bibby tinham morado por pouco tempo em Milton, onde a casa deles, que possuía seguro, pegou fogo.

Por que eu deveria me importar se ele era culpado ou inocente? Curiosamente, eu me importei. As dúvidas quanto ao comportamento de Bibby – sua atitude evasiva e seu depoimento incoerente – talvez tenham algo a ver com meus atos de rebeldia, como pôr fogo no lixo atrás da casa na Stellin Street, 20. Eu me pergunto se teimosia pode ser herdada. Acho que Bibby era esquentado. Imagino que possa ser verdade.

Era fascinante ver o monte de lixo pegar fogo. Assim como foi emocionante a vez em que joguei no rio Hutt toda a lenha pacientemente apanhada e empilhada por um homem e seu filho. Eu tinha me escondido no mato para poder observar a reação deles. Este foi realmente o objetivo da ação, mas a situação ficou menos emocionante quando pai e filho olharam em volta e rapidamente se separaram e me cercaram por trás para pegar o "safado". O "safado" foi levado até a beira do rio. Pai e filho debateram o que fazer em seguida. O filho queria jogar o "safado" no rio. O pai falou em levar o "safado" para a delegacia. No fim, depois de pedirem meu telefone para poderem ligar para os pais do "safado" (naturalmente eu dei a eles o número errado), eles deixaram o "safado" ir embora.

⌒

Os artigos de jornal e um relatório do médico-legista também forneceram detalhes de seu destino de altos e baixos. Serrando madeira e produzindo estacas para a mina de carvão de Castle Hill, ali perto, ele economizou dinheiro suficiente para começar a construir um "chalé de bom tamanho", quando veio uma maré de azar.

Não necessariamente nesta ordem, ele corta o dedo com uma faca afiada, é derrubado do cavalo por um galho, cai do cavalo sobre um toco de árvore e com o pé preso no estribo é arrastado pelo chão. Os incidentes podem ser vistos como uma série de atrocidades. Um de seus ferimentos, entretanto, irá conduzir a uma morte horrível, em 1894, por tétano.

O médico-legista, a princípio, ficou inseguro. Os sintomas de Bibby sugeriam ou envenenamento por estricnina ou tétano. Para aumentar a confusão, o correspondente do *Clutha Leader* dá como causa da morte um "ataque epilético". Se isto estiver certo, aqui está a origem da epilepsia de Lorraine, já que ela é transmitida através da linhagem masculina.

Mãe e filha descrevem que Bibby tinha sido tomado por um estranho estado de espírito. Ele parece distraído, inatingível. A esposa se lembra dele sempre deprimido e se lamentando da decisão de comprar uma casa em Kaitangata, em vez de ficar em Milton. Ele se queixa de reumatismo, até a ponto de mal conseguir mexer com os braços e as pernas. Seu filho de 9 anos diz que numa expedição para apanhar madeira ele deitou no mato sem conseguir se mexer. À noite ele acorda gritando, seu corpo tomado por convulsões. Os ataques se tornam mais frequentes, até que finalmente ele concorda em ir ao médico.

O Dr. Fitzgerald o encontrou gritando de dor e segurando uma corda com a mão direita. Bibby não deixou o médico tocar nele.

> Ele disse que cada toque provocava um daqueles ataques que ele já tinha tido. Eu o encontrei banhado em suor, com a camisa encharcada. O pulso dele estava rápido, as pulsações chegavam a 108 por minuto. Ele se queixava de muita sede. A esposa deu dois goles de água para ele. Ainda na cama, ele teve um acesso de vômito e vomitou uma quantidade pequena de um líquido claro. Quase imediatamente depois de vomitar, teve uma convulsão, e durante a convulsão seu rosto ficou roxo. Ele não espumou nem mordeu a língua e pareceu consciente o tempo todo. Ele teve uma segunda convulsão muito mais forte, da qual não se recuperou.

A mãe de Papai, Eleanor, é mandada ao hotel local para identificar o corpo do pai – possivelmente não havia hospital – e lá, no hotel, dois médicos examinaram o crânio de Bibby e retiraram o cérebro para pesquisar a causa de sua morte. O Dr. Fitzgerald continua: "Fora uma ligeira aderência à membrana, estava tudo normal. A parte superior da medula espinhal estava saudável. Os pulmões e o coração estavam saudáveis. O estômago foi achado vazio, e não foi detectado nenhum traço de veneno."

O hotel onde o cérebro de Bibby foi retirado pode ser visto numa aquarela de Christopher Aubrey, pintada em 1878, poucos anos depois da chegada de Bibby em Kaitangata. O hotel e a igreja ficam na confluência dos rios Clutha e Kaitangata. No fundo, as colinas, que provavelmente Bibby ajudou a desmatar, parecem duras e paralisadas.

⌇

De Tilbury Dock para Port Chalmers, os Bibby passaram 78 dias no mar. O mundo que os cerca é denso, sufocante. Uma tosse ou um nariz escorrendo de uma criança é algo preocupante. O medo de doenças e especialmente de febre é constante naquela viagem interminável. Após algumas semanas sendo lavadas com água salgada, as roupas ficam duras do sal, e piolhos imaginários parecem andar sobre a pele. As condições de sono são terríveis. As pessoas são enfiadas em lugares mínimos, onde os pés têm que entrar primeiro. Essas longas viagens talvez fossem a primeira etapa da perda de contato com os velhos hábitos. Uma criança podia ser costurada num saco de algodão e jogada no mar menos de duas horas depois de ter morrido, e junto com o corpo era descartado aquele sentimentalismo mais comum em terra.

Eu me admiro com as enormes distâncias que existiam naquela época e com a natureza obliterante do oceano – aquela vasta e insípida divisão entre passado e futuro – e o efeito nos Bibby de uma viagem onde a terra desapareceu por tantas semanas e, de repente, ressurgiu como uma surpresa monstruosa, e onde tanto foi visto pela primeira vez, tantas coisas novas, talvez espetaculares. Mas quanto disso fica na mente dos analfabetos? Como se pode atribuir significado ou preservar a memória na ausência de diários, câmeras, telas, blocos de desenho? Nada é anotado por escrito. Observação e eloquência vêm de fontes oficiais – o capitão, o médico, o pastor.

Eu me pergunto se a agressão ao inspetor da Comissão de Controle de Coelhos não foi resultado de uma bravata da parte de Bibby. O inspetor tinha posto a mão no bolso para pegar um documento, e para esconder o fato de não saber ler, Bibby encontra um jeito de levar as coisas para um terreno onde ele sabe como se comportar.

Mais uma geração e aquele canalha do Arthur Leonard Jones irá fazer a mesma viagem por mar. Ele irá conhecer a filha de John Bibby e se casar com ela, minha avó.

Se eu tivesse prestado mais atenção quando o caderno azul foi parar pela primeira vez nas minhas mãos, talvez tivesse descoberto o motivo que levou Arthur Leonard Jones a deixar o País de Gales. Na sua certidão de casamento (com Eleanor Gwendoline Bibby) ele é descrito como sendo "viúvo". Ele pode ter optado pela maior distância possível do lugar de luto. Que melhor país para escolher do que a longínqua Nova Zelândia? A esposa dele morreu em 1897. Ele se casou com Eleanor em 1903.

Uma certidão de nascimento, uma certidão de casamento, um atestado de óbito e uma conta pendente para cobrir as despesas do orfanato onde seus filhos vão parar parecem ser os únicos documentos oficiais da vida dele. Tanto ele quanto seus sogros, os Bibby, embora por diferentes razões, fazem parte da herança de silêncio largada na porta da casa da Stellin Street, 20, junto com uma enorme capacidade para esquecer.

Em Kaitangata, os Bibby passaram a carregar duas vidas dentro de si. Três, se a infância for considerada como um país já visitado. Lá no final do mundo há novas transações. Camadas de observação e memória se movimentam para a frente e para trás, entre o velho e o novo, entre o lugar que foi deixado e o lugar onde se chegou, até que uma impressão mais forte se ergue do caldo – esta montanha se parece com aquela, este pedaço de Kaitangata é parecido com aquele pedaço de Swansea, e quando isso não ocorre, as coisas vão ganhando uma nova forma, até que os ingredientes da memória desaparecem no local ocupado.

Mas também me pergunto se o silêncio ancestral não é uma forma de medo de palco.

Na escola primária, uma pobre criança trêmula estava sempre sendo arrancada do tapete e colocada em pé na frente da classe para apresentar uma novidade. Eu me lembro de um menino fazendo xixi na calça. Em outra ocasião, uma menina rompeu em lágrimas. Fazer xixi na calça ou romper em lágrimas não parecia irracional de forma alguma. Eu vivia com medo nos olhos da professora me chamar para aquele lugar exposto na frente da classe.

Eu estava na mesma situação dos meus antepassados quando eles chegaram num lugar pequeno e desconhecido do outro lado do mundo. O que aqueles rostos poderiam ver em mim que eu não pudesse ver por mim mesmo? Em primeiro lugar, eu não confiava no som da minha voz. Eu não sabia de onde ele vinha, e sabia menos ainda se ele realmente me representava.

Então chegava o momento da crise. Minha mente ficava oca. O que eu tinha para dizer? Eu não tinha nada para dizer. Eu tinha perdido a vontade de falar. A vergonha tomava conta de mim. Nos olhos dos meus colegas eu via uma excitação cruel.

Para piorar as coisas, eu estava tentando me livrar de um problema de dicção. Eu brigava com os meus *th's*. Desconfio que isso tenha acontecido depois que eu tentei falar como outra pessoa, provavelmente uma das vozes que eu tinha ouvido na TV pela porta do meu quarto. Eu costumava culpar o comediante irlandês Dave Allen. Mas percebo agora que ele falava "tings", e não "fings". A questão permanece; na Stellin Street, 20, as falhas da fala eram muito pouco notadas. As vozes dominantes eram as da TV que soavam pela casa. Eu imagino que foi assim que perdi temporariamente o som do *th*. Alguém como Steptoe* berrando através da porta do meu quarto com sua voz de sucateiro. Aquilo parecia acontecer sem que eu me desse conta. Eu me vi falando sobre *fings* (*things* – coisas) e *foughts* (*thoughts* – ideias). E mesmo quando percebi o que tinha acontecido, não consegui me livrar do hábito. Eu tinha perdido o *th* e agora precisava fazer um esforço consciente para me inscrever nesse frontispício crucial com minhas coisas e ideias. Num tempo incrivelmente curto eu havia perdido algo e a ausência disso agora me revelava de forma diferente para o mundo, de uma forma que eu não gostava.

---

* Personagem de uma série da TV britânica dos anos 1960. (N. da T.)

Não quero dizer *fing* ou *fought*, então tenho que parar, procurar o som de *th* e anexá-lo à palavra antes que a frase saia da minha boca. Surge uma hesitação na minha fala e com ela uma espécie de resposta cognitiva atrasada. Em vez de pular sem medo de um assunto para outro, eu me tornei tímido, com medo de dizer *fing*. Eu me tornei um gago sem realmente gaguejar, e no lugar da fala surge uma espécie de respiração bloqueada.

Em Londres, vi um homem se virar do avesso procurando palavras para dizer para uma plateia que tinha ido ouvir uma "palestra" gratuita. O começo foi promissor: uma jovem representando a galeria deu as boas-vindas ao artista Martin Creed, e um homem sem um pingo de bunda, com uma camiseta de bombeiro e um colete escuro, pulou no palco, e a plateia – éramos 29 pessoas, se bem me lembro – bateu palmas educadamente. Eu nunca tinha visto um homem que já não estivesse morto com o rosto tão pálido. A cabeça dele parecia grande demais. O cabelo dele não ajudava – parecia uma espuma – e ele parecia ter adquirido, aparentemente por iniciativa própria, uma personalidade dramática. Assim, tanto o cabelo quanto Martin Creed se aproximaram do microfone. Aí aconteceu o momento de crise que era muito familiar. O que quer que ele tivesse a intenção de dizer havia, claramente, fugido de sua mente. Ele fechou a boca e se afastou rapidamente do microfone. Os olhos da plateia o perseguiram até o canto do palco, onde ele ficou parado, de costas para nós, possivelmente para se concentrar e começar de novo. Após alguns minutos de um silêncio divertido, ele voltou para junto do microfone para um novo começo. Quando ele finalmente falou, foi lento, de um jeito aflitivo, mas também bonito, com as palavras parecendo meio engasgadas – alguns escoceses fazem isso; quando falam, parece que as palavras estão sendo arrastadas por cima de pedras. Ele disse:

– Alguém me falou uma vez que se você não souber o que fazer é melhor não fazer nada. – Nós rimos, alguns escandalosamente, como se um cavalo tivesse saído correndo de um estábulo e atropelado um varal de roupas. Queríamos incentivá-lo, e pela primeira vez Creed sorriu. Ele começou a acenar com a cabeça, e parecia mais concentrado.

– Vocês pagaram para vir aqui hoje?

Sacudimos negativamente nossas cabeças.

– Ah – ele disse. – Isso é bom.

Fez-se mais um silêncio e eu percebi uma mudança de humor na plateia, uma exigência maior de consumidor. Um homem lá na frente, se sentando sozinho na fileira, cruzou os braços de uma maneira agressiva. Creed reagiu pondo a mão no quadril, levantando os olhos para o teto e sacudindo lentamente a cabeça. Então, a mudança que houve nele deixou a plateia surpresa. Ele atravessou o palco com passos largos e se inclinou para pegar um violão que eu não sabia que estava ali até aquele momento. Ele ajustou o *capo* num tom alto e começou a cantar: "Eu não quero fazer isto. Eu não quero fazer isto. Eu não quero fazer isto." Até a "palestra" de Creed, jamais me havia ocorrido que uma apresentação pessoal era uma performance, portanto tão pouco confiável quanto as superfícies de uma cidade ou de uma pintura, ou, no que diz respeito ao assunto, de uma história familiar. Guardei uma observação feita por Creed. Foi depois que ele explicou de onde tinha surgido a ideia da palestra; ele disse que tinha gostado do convite, e que precisava divulgar o livro recém-publicado com todo seu trabalho até o momento.

– É, o livro. – A menção do livro pareceu deprimir Creed porque ele fez uma pausa. Então ele disse: – É um pouco como olhar para o nosso cocô dentro de um vaso sanitário. Não é uma coisa muito agradável, mas às vezes é preciso fazer isso.

# QUATRO

QUEM FOI, EU ME PERGUNTO, que arrombou a porta do apartamento em Kilbirnie e encontrou seis crianças em volta do cadáver da mãe?

Eleanor Gwendoline Jones teve, assim como o pai dela, John Bibby, uma morte tóxica, no caso dela por hidatidose, uma doença adquirida por contato com cães. Uma lambida afetuosa de um cão é suficiente para transferir o verme que mais comumente infecta ovelhas. Dentro do estômago do hospedeiro, o verme forma cistos, alguns do tamanho de bolas de tênis e até maiores. Durante algum tempo, o hospedeiro leva uma vida normal, sem desconfiar de que existe algo errado. Quando o cisto arrebenta, o que pode acontecer numa queda, a vítima – neste caso minha avó Eleanor – morre de choque séptico.

Onde está o marido dela, o pai de todas essas crianças? Um ano antes, Arthur Leonard Jones e Eleanor tinham se separado. Desde então, Arthur, descrito no caderno azul como estivador, parece ter levado uma vida itinerante, deixando um rastro de endereços por toda a cidade. Ele já está a caminho de se tornar o fantasma que entrará para a história como um "marinheiro que se afogou no mar".

Laura, a irmã mais velha de Papai, é responsável em parte por este relato. Há o fragmento de uma carta escrita pelo irmão dela, Percy, contando o que Laura supostamente disse a ele: "Nosso pai se afogou no mar a bordo do SS *Ionic*, um navio de transporte de tropas, depois que a embarcação foi atingida por um torpedo na costa da Califórnia."

Só que tudo nessa história está errado. O *Ionic* foi bombardeado, mas escapou ileso e prosseguiu viagem. O incidente não aconteceu na costa americana, mas no Mediterrâneo, em 1915, quando a Força Expedicionária da Nova Zelândia estava a caminho de Galípoli.

Não duvido que Percy tenha registrado corretamente o que Laura contou a ele. Mas onde foi que ela ouviu essa história?

Influenciado por esse "fato histórico", eu vou desenvolver uma forte ligação com o mar. Eu até me convenço de que tenho habilidades náuticas inatas, que são constantemente e com mais sucesso colocadas à prova em terra do que no mar, encontrando promontórios e praias no meio de torres de igreja e cumes de montanhas.

Uma linha de investigação diferente encontra Arthur numa cama de hospital, sofrendo de ciática no dia em que sua mulher é enterrada numa sepultura sem identificação no cemitério Karori, e, mais tarde, ele aparece em Auckland, onde torna a se casar e leva uma vida obscura.

A mulher no escritório do cemitério Karori digitou o nome de Eleanor Gwendoline Jones e com toda tranquilidade imprimiu o local onde ela estava, *lote 107*. Ela me mostrou num mapa onde encontrá-la. "Na fileira começando com Smith, é a sepultura sem identificação entre Eliot e Wilton."

Sempre soube que a minha avó estava enterrada no cemitério Karori, mas nunca tinha ido lá nem dado muita atenção a isso porque, até onde me lembro, Papai nunca deu. Talvez a ideia de uma mãe – aquela determinada mãe, pelo menos – fosse tão estranha para ele quanto a ideia de uma avó é para mim. Eu jamais ouvi alguém pronunciar o nome dela.

Então, no escritório, eu pensei numa outra coisa. O que tinha acontecido com as cinzas do Papai? Eu me lembro, depois do funeral dele, de ter parado a caminho do estacionamento para olhar na direção do crematório e de ter visto uma fina coluna de fumaça. Edward Llewellyn Jones. A mulher digitou o nome dele. Os olhos dela percorreram a tela. Ela olhou para cima e disse: "As cinzas dele estão no jardim das rosas."
"Por ordem de quem?", perguntei. Ela tornou a pôr os óculos e olhou para a tela. "Do Sr. Robert Jones", ela respondeu. Meu irmão.

O jardim das rosas fica no fim da rua, em frente à administração do cemitério. Uma jovem corredora estava fazendo exercícios de aquecimento lá. Eu contemplei as rosas.

Nunca tinha me ocorrido perguntar a respeito das cinzas de Papai. Aparentemente, tinham sido espalhadas sem nenhuma cerimônia e sem a presença da família.

Isso não ocorreu com Mamãe. Ela passou o último terço da vida em dois endereços – uma bonita casa com vista para o porto e uma casa geminada na rua que dava na baía. Em ambos os quartos ela gostava de se deitar na cama e contemplar a baía e, à noite, ouvir a polícia no rádio de ondas curtas. Eu não imaginava que ela entendesse de ondas curtas. Mas gosto de pensar nela e nas outras senhoras ao longo da Marine Parade num momento de insônia sintonizando seus rádios no canal da polícia, encontrando conforto naquelas vozes, na proximidade delas, do mesmo modo que o bocejo de um cachorro em seu canil à noite costumava afastar pensamentos de fantasmas vagando pelo nosso quintal, procurando uma maneira de entrar na casa.

Minha filha e eu pegamos um caiaque e fomos remando para a baía com as cinzas de Mamãe a bordo. Escolhi um lugar que pudesse ser visto das duas casas. As cinzas eram surpreendentemente pesadas. Joguei no mar um jato de pó branco. Nós continuamos remando. Algumas horas mais tarde, depois de almoçar na casa da minha irmã Pat, fui de carro até a baía. A maré estava baixa, uma maré de primavera, e eu nunca tinha visto tantas gaivotas naquela baía, brigando e mergulhando na imensidão que dava nos bancos de areia. Era chocante ver, e inusitado pensar, que, poucos dias antes, ainda firme e alerta, Mamãe tinha olhado da cama para aquela mesma extensão de água. Sem imaginar, tenho certeza, que alguns dias depois as gaivotas estariam ciscando sobre suas cinzas.

Um dia depois o gesto me pareceu completamente equivocado. O sentimentalismo que me levou a espalhar suas cinzas no mar, a precisa marcação do lugar na maré. O que eu estava pensando? O que havia de errado em guardar as cinzas dela num pote ou enterrá-las num jardim?

Do escritório do cemitério eu entrei no carro e me embrenhei mais fundo nesta comunidade de mortos, virando à direita, como havia sido instruído, no pedestal com o anjo, para entrar na parte mais antiga do cemitério.

Estacionei e durante uma hora explorei os caminhos entre as terras prometidas e os lamentos, *junto a Jesus, em paz, juntou-se ao marido neste dia, adormeceu, se afogou no mar*, e assim por diante.

Encontrei uma fileira que começava com Smith e duas sepulturas não identificadas, uma com um toco de árvore em cima. Mas não havia nenhum Eliot ou Wilton à vista, o que foi decepcionante, porque gostei do caráter selvagem daquelas sepulturas sem identificação.

Senti cheiro de chuva no ar. Era o início de uma frente fria que estava prevista para chegar ao país nos próximos dias. Voltei rapidamente para o carro e continuei, até encontrar um caminho no lado norte da colina, mais de acordo com o mapa que a mulher do escritório tinha me dado.

Achei logo a fileira que começava com Smith, mas, como antes, não encontrei nenhum Eliot ou Wilton. Chequei o mapa e tive certeza de estar no lugar correto. Encontrei uma sepultura sem identificação, mas nenhum Eliot ou Wilton. Andei para cima e para baixo entre as fileiras de lápides. Muitas das sepulturas estavam cobertas de vegetação. Precisei empurrar os galhos e passar os dedos pelas letras nas lápides cheias de limo. Nessa altura já estava chuviscando, então dei meia-volta.

Perto do caminho principal, havia dois colares havaianos pendurados nos galhos de uma árvore que protegia uma lápide. Uma mulher estava ajoelhada numa sepultura com um balde de água e uma escova. Havia fotografias na lápide de uma mulher samoana e de um escocês. A mulher ajoelhada estava esfregando as sepulturas deles como se fossem soleiras de porta. Parei para mostrar a ela meu mapa, para ver se ela conseguia entendê-lo. Ela disse que tinha acabado de chegar de uma visita à sepultura do marido no Cemitério Makara, e que agora era a vez dos pais dela. Um cão de pelo curto estava deitado na sepultura ao lado. Ela disse que sempre trazia o cachorro e que fazia questão de que ela e o cachorro se apresentassem aos mortos. Quando saí do cemitério, eu me vi fazendo planos para quando encontrasse, e com certeza vou encontrar, a sepultura da minha avó. Vou mandar fazer uma bela lápide para ela. Isso não vai fazer nenhuma diferença para

Eleanor Gwendoline Jones. Mas vai honrar uma história que nunca foi reconhecida.

⌒

É um choque perceber a facilidade com que o passado é descartado. O homem de Pembroke Dock que se levanta da cama de hospital é um homem diferente, um homem solteiro, sem responsabilidades. Ele deixa o hospital para encontrar um mundo novo, cheio de possibilidades. Num certo sentido, ele ressuscitou dos mortos – "um marinheiro galês afogado" – e saiu da praia para um lugar novo e mais interessante onde pode começar de novo sem a inconveniência da história. Ele pode seguir em frente. Ele pode esquecer Eleanor e todos aqueles filhos. Quantos mesmo? Seis? O vento está ficando mais forte – olha como ele faz voar papéis velhos presos na rua, despregando-os, espalhando-os. Nada fica grudado para sempre. Nada – nem amor, nem limpeza, nem apetite, nem dia ou noite, ou a maré. Não, para onde quer que ele olhe, encontra um mundo provisório. *Eu sou um pai* pode se tornar *Eu era um pai*. Ele pode fingir que Eleanor e as crianças foram uma espécie de infortúnio. Quando ele sai dos portões do hospital e desce a Adelaide Road, o mundo tem um cheiro novo, de vida. Como todos nesta cidade, ele sabe o quanto o tempo é instável. Em minutos um dia bonito em Wellington pode se transformar numa tempestade. Se isso acontecer, ele vai abaixar a cabeça para enfrentar o vento, proteger o rosto com o chapéu e margear a cidade. Na estação de trem, ele vai comprar uma passagem para Auckland, e na nova cidade a sua ressurreição será completa.

A caminho do norte, chega um momento em Kaiwharawhara em que o trem entra na encosta da montanha e mergulha na escuridão. É agradável estar no escuro, mesmo num escuro desbotado. Estar em lugar nenhum desfaz um resto de obrigação para com aqueles restinhos irritantes de responsabilidade. Então, quando o trem sai do túnel e uma grande luminosidade entra pela janela, ele pisca os olhos e, quando torna a olhar, vê que o mundo mudou. O porto e seu tampo de céu ficaram para trás. Existe uma largura maior na paisagem. Ela não o conhece e ele não finge conhecê-la. E no entanto existe outra camada, uma abertura, um acolhimento. Ele está a caminho de algum lugar – um lugar que ainda não visitou, mas cuja atração é, mesmo assim, irresistível. Seu passado recente pode juntar-se aos escombros dos momentos vividos. Houve Pembroke Dock e Swansea, lugares extintos pela travessia de oceanos, e houve Milton, Otago e Wellington, e casamento, e todos aqueles filhos, e aqueles empregos que começaram e não foram a lugar nenhum. Seu próprio eu não conseguiu se firmar numa identidade concreta e regular; ele diz ser o que a situação exige – operário, marinheiro, oficial da Marinha, balconista – e à medida que atravessa cada túnel em sua viagem para o norte, ele sai da escuridão para uma nova paisagem e um novo futuro.

A tristeza irá surgir inconvenientemente de vez em quando. Ao ouvir um choro de criança ou o nome de uma criança num parque, o passado irá irromper no presente. Talvez um casal segurando as mãos de uma criança irá evocar pensamentos conflitantes de pequenos rostos, confiança e traição. Talvez o sorriso de uma garçonete irá lembrá-lo de sua filha Laura, e talvez num momento de confusão ele irá chamar sua nova mulher de Eleanor.

Papai uma vez contou a Pat que quando era pequeno foi visitado por um homem usando uniforme da Marinha. Ele estava morando num dos muitos lares na parte baixa de North Island. Quando o homem estava saindo, ele pôs meia-coroa na mão de Papai. Foi só muito mais tarde que Papai imaginou que o homem com uniforme da Marinha podia ser o pai dele.

Era mais provável que aquela pessoa tivesse sido contratada pela Wellington Industrial School, que tinha assumido a guarda dele no orfanato, para visitar meu pai e informar a respeito do seu bem-estar. Em algum lugar do subsolo de uma repartição existe uma caixa cheia de cartas detalhando as condições de vida de Papai e seus irmãos, mapeando o crescimento e os progressos deles de um modo semelhante às marcações a lápis no umbral da porta da casa da Stellin Street, 20. Desconfio que o homem de uniforme era esse funcionário. Mas na cabeça confusa de Papai, na ausência de um pai e encontrando nesse adulto um pingo de delicadeza na forma de meia-coroa, talvez ele tenha começado a acreditar que este estranho não era um estranho, e tenha misturado duas figuras idealizadas – um pai e um oficial da Marinha capaz de evitar recifes escondidos. A visita foi considerada mais uma prova daquela história do homem que morreu afogado no mar.

O destino do *Ionic* foi publicado no *New Zeland Herald* em julho de 1917. Desconfio que Arthur Leonard Jones tenha lido o artigo e acrescentado alguns detalhes inventados, aumentando um aspecto para alcançar outro, um naufrágio para um afogamento, e então, talvez, ele tenha contratado alguém para escrever para o único filho incapaz de verificar a história, Laura, que é cega. Ela dissemina a história do oficial da Marinha que morreu afogado no mar. E assim, em sua própria carta, Percy passa adiante o mito: "Eu descobri que nosso pai era um membro da tripulação do *Ionic*, que afundou em águas americanas... todos os tripulantes e os soldados a bordo morreram." De fato, o *Ionic* viveu até uma idade avançada, e em 1919 Arthur Leonard Jones ergue-se das profundezas da sua mentira para se casar com Ada Perrin em Auckland.

A história de ter "morrido afogado no mar" é um velho subterfúgio, uma saída honrosa, uma explicação plausível para ausências inexplicadas. No livro de Nathaniel Hawthorne *A letra escarlate*, Hester Prynne só sucumbe à tentação de uma relação amorosa quando se presume que o marido dela se afogou no mar.

Afogamento era um infortúnio inocente. Navios desviados do curso por tempestades violentas ao largo de costas desconhecidas. Contém até nuances de heroísmo. Nosso herói, Arthur Leonard Jones, estava a caminho da guerra, enfrentando o alto-mar. O grande poeta deixou para trás uma obra incompleta. A cidade foi atingida por um caprichoso fenômeno da natureza. Então, descobre-se que o capitão do navio era um bêbado. As artérias entupidas do poeta já estavam se fechando antes de sua visão ser transcrita. Uma cidade descobre sua velha história sísmica e suas fundações pantanosas. E Arthur Leonard Jones não passa de um mentiroso.

Depois de uma visita ao orfanato na Tinakori Road, 117, um repórter do *Evening Post* elogiou as condições do lugar.

"As crianças são abrigadas até estarem em condições de ser transferidas..." Ele prossegue dizendo, corretamente em relação a algumas, mas com certeza não em relação aos filhos de Eleanor Gwendoline Jones: "O Estado é a única espécie de pai que elas guardam na memória." E disse ainda que o Estado, na forma do diretor da Escola Industrial, irá exercer controle sobre as crianças até elas atingirem a idade de 21 anos.

Os gêmeos, Jack e Gladys, ainda bebês, vão para a casa de uma mulher na Todman Street, Brooklyn, nas colinas acima da cidade. Papai, Percy e Arthur são colocados no orfanato. Laura é mandada para o Instituto de Cegos em Parnell, Auckland.

A morte da mãe deles foi um choque terrível, e outro foi a entrega deles nas mãos de estranhos e instituições. Uma série de lares adotivos irá aos poucos minar os laços de família – mas Jack e Gladys irão sempre viver perto um do outro em Manawatu e manter um relacionamento mais próximo do que seus irmãos. Arthur, a ovelha negra, é arrastado para uma outra vida. Ele passa um tempo na prisão. O caderno azul menciona uma ordem judicial proibindo-o de ver Gladys. Por quê? Não é fornecida nenhuma explicação.

Assim que eles estão "em condições de serem transferidos", quer dizer, de serem abrigados, em troca de trabalho, cada criança recebe um guarda-roupa cujo custo será deduzido de ordenados futuros.

O guarda-roupa de um menino consiste de:

    2 pares de botas (um melhor, um para trabalhar)
    2 bonés ou chapéus de lã
    2 ternos (um melhor, um para trabalhar)
    1 par extra de calças de lã
    1 suéter

4 camisas (duas melhores, duas para trabalhar)
3 roupas de baixo de algodão
2 suspensórios
3 pares de meias
6 lenços (3 coloridos, 3 brancos)
4 escovas (de unhas, dentes, cabelos, roupa)
1 pente
1 espelho (opcional)
1 ceroula
1 capa de chuva
1 sobretudo de lã
2 pijamas
1 mala
2 gravatas
1 cinto

As meninas recebem uma variação do listado acima:

Camisetas de lã
2 vestidos para trabalhar
Uma caixa contendo agulhas, dedal, almofada de alfinetes, tesoura, fita métrica, botões, colchetes, carretéis de linha e novelos de lã.

Existem algumas regras, do tipo que nenhuma menina de menos de 18 anos pode sair depois das oito horas da noite."Uma tarde por semana é toda a liberdade de que elas precisam."

"Rapazes empregados devem ter em mente que estão tão subordinados ao gerente quanto à escola, quando moram lá."

"É muito importante que os rapazes frequentem regularmente a igreja, evitem más companhias, não digam palavrões; nunca entrem em hotéis para beber, nem frequentem hotéis, salões de bilhar e outros lugares semelhantes."

O guarda-roupa deles é extremamente parecido com o guarda-roupa recomendado pela New Zealand Company* para os que estão imigrando. Meu pai e os irmãos dele foram vítimas de circunstâncias das quais não tiveram culpa. Na passagem por lares adotivos, eles são obrigados, como os imigrantes, a avaliar o novo ambiente, verificar como as coisas funcionam, aprender novas regras e maneiras de falar, e perceber o nível de tolerância de cada lugar – o que pode ser dito quando é melhor ficar de boca fechada.

Quase todo dia eu cruzo a Tarakani Street e me dirijo para o supermercado Moore Wilson. Que surpresa descobrir que isso me faz passar pelo lugar onde Papai nasceu, na Jessie Street, pertinho da fábrica de sapatos. Assim que achei a certidão de nascimento dele no caderno azul, fui até o endereço e vi que o lugar agora é um depósito de automóveis. E a pensão onde a avó dele, Mary Bibby, morreu fica na Cuba Street, pertinho da fábrica de sapatos. Eu também passo quase todo dia por esse endereço. Fiz isso durante anos, sem me dar conta de que essa vida esquecida está sempre colidindo com a minha. A velha pensão de madeira onde minha avó soltou seu último suspiro foi substituída por um restaurante de massas oriental.

Sempre que paro na vitrine, tenho certeza de que dou a impressão de um homem examinando as opções de curry. Imagino que eu deva ser uma figura familiar para os empregados e clientes regulares. O rosto que eu conheço melhor olha

---

* Agência criada em Londres nos anos 1830 com o objetivo de fomentar a imigração para a Nova Zelândia. (N. da T.)

para mim do balcão e sorri. Um dia desses vou entrar e pedir um rolinho frito. Ainda não realizei isso porque não faz parte da rotina. Imaginar é mais atraente. Embora possa dar a impressão de ser um cliente em potencial, estou, na verdade, dentro de um quarto no andar de cima com cortinas nas janelas, iluminado por um lampião a gás, e pensando numa mulher de 54 anos deitada na cama com suas lembranças da infância de Swansea, de veleiros, grandes oceanos e passeios pelos morros à beira-mar, como o que vai dar em Pencarrow, acompanhada de suas filhas, Lucy e Eleanor.

O Dr. Mackie, que a encontrou deitada de costas no chão, "agonizando", descreveu "uma mulher robusta, aparentando uns 60 anos, e não 54, e depois de ouvir o que aconteceu, eu acredito que a causa da morte tenha sido hemorragia cerebral ou apoplexia".

O prédio se foi; Mary Bibby se foi; as testemunhas deixaram o recinto. O mundo que abrigou esta pequena cena de morte não é mais o mesmo. Mas por um breve instante eu me agarro a essa imagem, antes que meu interior inflamado me coloque diante de uma variedade de rostos olhando para mim. Nessa altura ou eu entro ou vou embora – sem, eu espero, aquela expressão alucinada do Kerrin, o cara que eu vejo vagando pelas ruas próximas à fábrica de sapatos, com seus olhos elétricos também altamente concentrados na conversa que ele tem consigo mesmo.

Nesta hora, pouco antes do amanhecer, Kerrin já deve ter examinado os sacos de roupas jogados na frente da sede do Exército da Salvação, do outro lado da rua. Então eu sei onde ele está agora. Ele está lá embaixo, no fundo da fábrica de sapatos, esperando no pátio que Gib abra seu café.

Eu costumava culpar a escuridão pelas roupas que ele tirava daqueles sacos – Kerrin, com seu bigode arrepiado e sua vasta cabeleira grisalha de roqueiro, aparecia no Gib's usando calças e blusas de mulher.

Num formulário eleitoral, Kerrin pode marcar os quadradinhos maori e europeu. Como tantos de nós, sua herança é uma história de vira-latas cheirando uns aos outros num fim de mundo para criar uma raça bastarda incapaz de identificar suas origens. Na realidade, eu também me sinto tentado a descrever Kerrin como sendo uma flor murcha. É possível ver a haste, perceber as pétalas, mas não conseguimos reconhecer a espécie. Embora a agressividade seja bem conhecida. E apesar de suas roupas extravagantes – calça roxa e sapatos esquisitos –, seus inteligentes olhos castanhos de maori transcendem os aspectos mais embaraçosos de si mesmo.

Kerrin é um dos melhores fregueses do café. Gib diz que ele conseguiu guardar um pouco de dinheiro nos cinco anos que dormiu ao relento nas colinas acima de Wellington, e portanto, agora, enquanto a cidade entra em foco e os empregados dos escritórios caminham em fila pelas ruas, Kerrin está esperando que Gib abra a loja para ele poder tomar o primeiro dos dez cafés que irá comprar hoje como forma de pagar pelo aluguel de uma mesa e uma cadeira no café, onde ele parece estar trabalhando em alguma obra muito importante; sempre que passo pela vitrine, ele está debruçado sobre uma pilha de papéis, que Gib diz serem algum tipo de composição musical ou tradução do maori para o inglês, ou talvez o contrário. Durante algum tempo não me aproximei o suficiente para ver. E então, uma semana atrás, eu fiz isso. Enquanto Kerrin estava usando o banheiro de Gib, virei a folha de cima da pilha e depois a seguinte, e a seguinte, e aí abri a pilha no meio. Todas as páginas estavam escritas na mesma letra cursiva – uma série de Rs unidos que se esfumaçavam no canto da folha e eram retomados na linha seguinte e prosseguiam em sua marcha. Um R depois do outro.

Eu não consegui mais olhar para Kerrin depois disso. E ontem de manhã mesmo nós dois viramos a cara para o outro lado ao passar pelo pátio. Kerrin estava imitando alguém com um objetivo, andando com passos firmes no meio de uma fila de trabalhadores de escritório descendo a rua na direção do Pigeon Park – Te Aro Park como é chamado agora para reconhecer sua origem pré-europeia, como um *pā* (fortaleza maori) original. Isto é representado por uma *waka* (canoa maori) feita de ladrilhos. Na chuva, o fundo da canoa brilha como ladrilhos de banheiro. A obra de arte parece ter resultado de uma tentativa frustrada de registrar e refazer o passado. É de grande mau gosto e falsamente representativa. Mas pelo menos sua amurada coberta com ladrihos de banheiro fornece um lugar para os bêbados e os moradores de rua passarem o dia.

O desafio de Kerrin é mais existencial. Toda manhã ele acorda com a pergunta: Quem eu vou ser hoje? E a resposta, até certo ponto, depende das roupas que ele tira das caixas deixadas em frente à sede do Exército da Salvação, do outro lado da rua, na Ghuznee Street, a um minuto a pé da casa onde Papai nasceu e, na direção oposta, a dois minutos do lugar onde a avó dele morreu.

O cheiro de liquefação é como o de algo parcialmente digerido e vomitado. A matéria liquefeita perdeu toda a ligação com sua forma original e se transformou em algo disforme. Algumas pessoas achavam que cheirava a enxofre, embora eu nunca as tenha ouvido dizer isso com muita convicção. As pessoas estavam apenas respondendo à necessidade de dar nome a algo aparentemente impossível de definir, e enxofre, ao que parece, era o único elemento fedorento do qual elas se lembravam da tabela periódica estudada na escola. É claro que existe uma explicação científica, mas, por ora, era mais satisfatório desconhecê-la, porque não saber despertava o sentimento certo em relação a um evento que ninguém que não fosse geólogo tinha sido capaz de prever. (Um geólogo tinha previsto uma tragédia resultante de um futuro abalo sísmico e foi acusado de alarmista.) Para todas as outras pessoas, foi como voltar à Idade das Trevas, quando os eventos, sem uma explicação pronta, eram atribuídos a Deus quando raivoso.

Porém, se nos dermos ao trabalho de pesquisar, a liquefação do solo tem sua própria história, não tanto um mito, mas mesmo assim uma história de criação. Elevação da superfície da terra, deslocamento, formação de planícies e pântanos e regiões turfosas, o recuo do mar muitos milênios atrás, o surgimento da floresta de podocarpos e sua destruição continuada pelos criadores de animais, e em seguida uma nova configuração da paisagem começando com a introdução da agricultura, seguida da proliferação do capim-espora e de animais de pasto – bem, essas últimas configurações foram mais cosméticas e pitorescas, ao contrário do amálgama de antigamente, de basalto e conchas, e crustáceos variados, e turfa e pântano virando carvão, e água presa por camadas impermeáveis de turfa sob uma bacia de rocha, e uma rede de canais, alguns lentos, outros sinuosos, outros parados como lagos refletindo apenas a escuridão subterrânea. A liquefação que fez explodir uma substância pútrida nas ruas de Christchurch era um cartão-postal dessas zonas ocultas.

Nada tinha sido perdido, afinal; estava apenas oculto.

⌇

A neve e o gelo no inverno de 2011 fossilizaram a devastação de Christchurch. O calçamento em volta do cordão de isolamento congelou, e a cidade destruída dava a impressão de que permaneceria assim para sempre.

Em agosto, voltei e entrei na zona vermelha, uma ponte depois da Ponte da Lembrança. As ruas da cidade estavam desertas. Permaneciam assim desde fevereiro. O aspecto era assustador. Os próprios prédios pareciam atentos. Era como se possuíssem uma sensibilidade humana – achei ter detectado neles uma consciência envergonhada de sua condição. Em alguns lugares, um traço de otimismo emanava de prédios como o machucado Grand Chancellor Hotel, com suas janelas destruídas e cortinas balançando ao vento. Era como ver o peito de um cadáver subitamente se erguer.

Inevitavelmente, caminhei até a praça no antigo coração da cidade, onde estava a catedral anglicana de pedra, aleijada e leprosa. Pombos entravam e saíam pelos buracos. A estátua de um dos fundadores de Canterbury havia caído de lado, como uma peça de xadrez tombada. A flora que antes nascia ali – titoki, mahoe, ngaio, maratara, todas plantas de terreno alagado – ainda estava presente na textura da escultura *Cálice*, de Neil Dawson. Perversa ou merecidamente, esse monumento de um mundo estripado tinha saído intacto da carnificina.

Fiquei parado do lado de fora do abandonado Heritage Hotel, onde eu tinha me hospedado por uma noite poucas semanas depois do grande terremoto de setembro de 2010. Fiquei no último andar, o que me deixou nervoso. Torci um bocado para não ser apanhado num abalo secundário muito violento, mas me consolei com a ideia de que isso era pouco provável porque o grande terremoto já tinha acontecido. Olhando agora para suas janelas vazias, eu me lembrei de um simpático homem mais velho usando um chapéu de feltro cinzento que estava sempre à mão para abrir a porta com um sorriso acolhedor. Naquela mesma viagem, depois do terremoto de setembro, peguei um atalho pela Press Lane – agora a rua estava coberta de entulho na altura de uma pessoa. No tempo geológico, por um triz eu não tinha sido enterrado vivo.

Notei que sempre que as pessoas falavam a respeito de alguém que elas conheciam que tinha morrido no terremoto de fevereiro de 2011 começavam dizendo: *Ele estava falando no telefone. Ela tinha saído para comprar cigarro. Ela nem precisava estar ali. Ele estava ajudando a tirar o órgão da igreja atingida pelo terremoto de setembro.*

Subi a rua da catedral e parei numa vitrine anunciando café da manhã por 10 dólares, incluindo ovos cozidos. Era a cidade em seu estado normal, dava para sentir, estimulada pelo céu azul e pelos ares da primavera.

*Transforme seu modo de sentir.* Vi essa placa na janela quebrada de um salão de cabeleireiro abandonado, no subúrbio de Avondale. Em todas as direções, algo indicando fé no aqui e agora podia ser encontrado. Velhas camadas de tecido foram reveladas por trás das camadas de papel de parede vitoriano, surdas ao barulho das britadeiras, enquanto prédios condenados enfileiravam-se tristemente. Aquilo era de uma brutalidade implacável. Os braços gigantescos da demolição ciscavam e picavam como insetos cruéis.

Parei perto de uma igrejinha de pedra numa esquina. Um engenheiro segurando uma prancheta me disse que ela estava desmoronando aos poucos desde o terremoto de setembro. No meio da destruição, era possível ver como sua forma elegante tinha sido modelada pelo simples ato de colocar uma pedra sobre outra, como numa brincadeira de criança. Ela tinha sido construída com fé absoluta no futuro. Agora, só restava uma ruína.

No dia seguinte, vagueei pelas ruas do leste da cidade que eu conhecia bem da minha última visita. Notei que mais gente tinha se mudado dali, e que as casas abandonadas pareciam ter perdido a ligação com aquelas que ainda estavam habitadas. Encontrei um mundo de aparência doentia. O lodo tinha sido retirado; entretanto, de alguma forma, essas mesmas ruas varridas conseguiam reter uma memória da sujeira que tinha sido retirada. As janelas das casas enfrentavam a luz forte com uma familiaridade rancorosa. Cachorros farejavam e defecavam na grama crescida. Apesar de todos os sinais de um mundo buscando se reerguer, como os fios religados nas torres de alta-tensão, as casas abandonadas contavam uma história diferente. Elas pareciam sofrer de uma queda de ânimo. Pareciam muito menores do que as que estavam ocupadas.

Peguei o mesmo caminho de meses antes, parando perto da escola no fim da Eureka Street, onde no outono eu tinha parado para ouvir o carteiro descrever o momento em que o mundo tinha virado de cabeça para baixo e o derrubou da bicicleta. Agora as calçadas de concreto e as ruas de asfalto estavam calmas como um mar sem vento.

Atravessei a rua que levava a Bottle Lake, com suas enormes montanhas de lodo e entulho, e andei pela margem do caudaloso e fedorento rio Avon na direção da Pages Road, e lá, empurrado por estudantes e caminhões disputando espaço na ponte estreita, desci na Hawke Street e continuei na direção do mar em New Brighton.

Senti uma forte vontade de sair dali, de me afastar de tudo aquilo.

E então, na Marine Parade, atravessei para a praia e caminhei pela areia fina até a beira da água, e contemplei a superfície ilusoriamente calma da Pegasus Bay.

Pouco antes do Natal de 2011, uma série de choques com epicentro debaixo daquela discreta tampa cinzenta iria abalar a cidade. Ficamos sabendo que aquilo era o final da atividade sísmica. O último hurra – o último pigarro de um ogro afundando nas profundezas do mar.

Resolvi tomar o caminho através das dunas e andar na direção de South New Brighton e dos rochedos tosquiados com casas construídas em platôs. Mais adiante ficava Sumner.

Por volta da época da visita escolar à fábrica de cereais eu tinha ido a Sumner com Mamãe. Nós nos hospedamos no Cave Rock Hotel. Eu não me lembro do tipo de condução que tomamos. Não posso imaginar que tenha sido avião. Eu me lembraria disso. Deve ter sido barco, nesse caso o *Maori*, mas não tenho lembrança alguma disso.

Durante horas, pude explorar a praia sozinho. O dia estava muito mais quente do que eu estava acostumado. Havia também muitas ondas e eu senti pela primeira vez a alegria de ser levantado por uma onda e jogado de volta na praia como um refugo. Era uma variação de me atirar do alto das árvores. Eu me levantava na areia molhada e corria de volta para as ondas. No final do dia, o som do mar estava dentro dos meus ouvidos, e minhas pálpebras e as pontas das minhas orelhas estavam queimadas de sol. Era hora de atravessar a rua e voltar para o Cave Rock Hotel, subir as escadas acarpetadas com meus pés sujos de areia e contar as portas até chegar no nosso quarto, onde eu encontrava Mamãe do mesmo jeito que a tinha deixado, na cama, olhando para o teto. Eu tinha passado o dia inteiro fora, e durante todo esse tempo nós havíamos habitado mundos diferentes. Ela estava no mesmo estado em que eu a tinha visto em casa – pouco comunicativa, meio deprimida, como as pessoas costumavam dizer. É claro que era o passado arrombando a porta. A palavra depressão nunca foi pronunciada em voz alta, e não por um sentimento de vergonha. Desconfio que nem Mamãe nem Papai teriam achado que valia a pena incomodar o médico em busca de uma explicação.

Talvez as rachaduras e as fissuras tenham sido contabilizadas ao longo da vida. Que minha mãe foi prejudicada pelo seu passado eu não tenho dúvidas. As pistas eram claras. Na sua vigilância, seus olhos mediam o ar, sempre intensamente conscientes do clima de uma sala, alertas a qualquer insulto. Seu medo paralisante de rejeição.

E no entanto, em se tratando de alguém como ela, uma vítima de preconceito, era estranho que ela não hesitasse em atirar umas pedras. Algumas de suas intolerâncias eram típicas de sua geração. Xingar era uma delas. Ela não admitia isso – nunca disse um nome feio. Pelo menos que eu ouvisse. Violência era outra – ela detestava violência, o que também acontece comigo. Mas eu também me sinto incontrolavelmente atraído por sua vibração. "Desumanidade do homem para com o homem", ela dizia sempre que assistia a algum documentário interminável mostrando cadáveres empilhados em tempos de guerra, atirados em vagões e arrastados por regiões ermas. Achei profundo da primeira vez que a ouvi dizer isso, mas maçante das outras vezes, a ponto de cruzar os braços e comprimir os lábios e desejar que algum evento cataclísmico decorrente da desumanidade do homem para com o homem fizesse cadáveres saírem voando da tela da TV para dentro da sala. Podíamos sempre contar com um intervalo comercial, uma xícara de chá e um biscoito.

Parecia também que ela não gostava de católicos. E é claro que eu também passei a não gostar. Absorvi esse preconceito como se fosse uma preferência familiar por algum prato ou por uma atividade, como pingue-pongue.

Então parecia quase normal censurar nossos amigos mais chegados na vizinhança, os Brown, em cujo tapete eu tinha sido avisado para não derrubar comida, quando eles passavam por nossa casa aos domingos, a caminho da missa.

"Lá vão eles, para limpar o passado." Eu nunca a tinha visto dizer algo com tanto desprezo.

Não entendi direito o que ela quis dizer com aquilo da primeira vez, mas pelo tom da voz dela parecia que os Brown iam cometer algum ato vergonhoso, e portanto o desprezo de Mamãe pareceu razoável, até mesmo civicamente responsável, e em pouco tempo eu estava berrando da janela: "Lá vão os Brown, para limpar o passado!"

Essa não era exatamente uma postura eclesiástica. Nós não saberíamos o que seria uma, já que religião não fazia parte da nossa vida.

Mas a raiva estava ali — silenciosa e profunda —, não na forma de uma irritação explícita. Agora eu me pergunto se era o recurso usado pelos Brown para esquecer que ela achava tão escandalosamente inaceitável.

⁓

Minha mãe não aprovava que se expressasse oralmente a raiva. Era falta de dignidade — e arriscado. Algo poderia ser revelado. E, além disso, não era uma expressão livre do eu e, sim, um afogamento, e tão inútil quanto as tentativas enlouquecidas de uma aranha para não ser tragada por um ralo. Ela preferia o silêncio e o recolhimento, e ficava taciturna, e foi nessa atmosfera que eu cresci, e foi esse ar que eu respirei, um ar magoado sem uma origem identificável.

Surpreendentemente para alguém que costumava usar pano de saco para fazer roupa de baixo para os filhos, Mamãe tinha uma saudável percepção dos seus direitos. Eu não sei de onde veio isso. Com certeza não foi de Papai, que achava que todo monte de bosta que era jogado em cima dele fazia parte do estranho desígnio do mundo. Se os dois forem colocados num conto de fadas, Mamãe estará no caminho sinuoso que leva ao palácio, enquanto Papai estará a caminho da cabana do lenhador.

Talvez suas ideias de dignidade e direitos viessem de um mundo alternativo que ela sonhava para si mesma. Sonhos não são tão facilmente controlados ou descartados. Eles também não podem ser tirados de nós.

Sonhos não costumam ser considerados uma questão de herança. Mas no caso da minha mãe — talvez em todos — seria um erro não levar em conta os sonhos.

O fogo da vingança, mas também de grandes feitos, e da arte, é aceso em sonhos.

Quando era criança, Tchaikovsky reclamava com a babá dos ruídos em sua cabeça. Eles não o deixavam em paz à noite. Um desses "ruídos" iria se transformar na "Dança da fada açucarada", que eu ouvi pela primeira vez na escola primária e, anos depois, como parte de uma instalação de Scott Eady em Te Papa Tongarewa. Um bonequinho de um jogador de boxe em pé num prato giratório que era impulsionado pelos movimentos do tambor de uma velha máquina de lavar roupa tocava a "Fada açucarada". Quem iria pensar em juntar coisas tão disparatadas? E com tanto sucesso, na minha opinião, em parte por causa das lembranças que eu estava levando para a cena. Diferentes frases me ocorreram. Algumas pertinentes. Outras que poderiam ter vindo de um manual de máquina de lavar. "Na roupa suja" e "plexo solar" e "tambor giratório", um vocabulário que rapidamente encontrou pontos de convergência. A arbitrariedade do encontro, onde "coisas se encontram nas afinidades", para pegar emprestada uma frase de Robert Musil, que eu tinha anotado anos antes e que veio à tona, como que obedecendo a um comando dado no passado, na forma do boxeador e de Tchaikovsky. Pensei na praia onde costumávamos passear, e no que achávamos ali, coisas quebradas e descartadas, e afastadas do centro da atividade humana. E eu me lembrei do tempo horrível que meu pai enfrentava, sem reclamar, na chuva molhando seus sapatos. Em condições semelhantes, um caldeireiro-poeta chamado Hone Tuwhare enfiou a mão no bolso de trás para pegar papel e caneta e escreveu sobre buracos deixados no ar pela chuva. Um desses homens, eu tenho certeza, sentiu o coração mais leve.

Gentileza era a resposta radical do meu pai para o mundo. O tambor giratório, no entanto, tem que sacudir a irritabilidade para fora de si mesmo de alguma forma. Por alguns minutos eu me concentrei no plexo solar da máquina de lavar, e logo os meus pensamentos se dirigiram para o famoso gancho de esquerda que Bob Fitzsimmons acertou no plexo solar do Cavalheiro Jim Corbett. Fitzsimmons, nascido na Cornualha, mas criado em Timaru, onde seus braços fortes foram desenvolvidos numa forja, era agora campeão mundial. Mais tarde na vida, Fitzsimmons encontra Jack Johnson para mais uma disputa em busca da glória. Nessa altura ele está velho em termos de boxe, e um tanto leve para um peso-pesado. Mas é fácil entender o que o atraiu. Quando é que a pessoa para de sonhar? Em sua mente, Fitzsimmons vê a luta mais favorável para ele: o magnífico Johnson recua e Fitzsimmons encontra espaço para seu célebre gancho de esquerda, e revive o momento em que acertou o plexo solar do Cavalheiro Jim Corbett tantos anos antes, vibrando ainda com a lembrança da expressão de superioridade desaparecendo do rosto de Corbett, como se um segundo depois do golpe ele também tivesse visto o futuro.

Do mesmo modo que eu tinha apanhado as luvas de boxe de Bob no quintal e seus papéis com desenhos de pés de boxeadores, tinha absorvido a história do gancho de esquerda de Fitzsimmons no plexo solar de Corbett. Talvez não tanto quanto meu irmão, que iria encomendar uma estátua de bronze do antigo ferreiro para colocar na esquina da Stafford Street, em Timaru, mas, ainda assim, os ímpetos de ambição que eu senti enquanto contemplava a instalação de Scott Eady não vieram exclusivamente de mim, mas foram despertados em mim por outra camada ocupada por fantasmas. Eu devia estar sonhando em nome de Fitzsimmons.

Suponho que eu estava mais interessado do que todo mundo no boxeador rodando no prato giratório montado sobre a máquina de lavar roupa. Ele tinha despertado uma avalanche de lembranças, levando-me de volta para o ar da lavanderia, que era fresco e enfeitado com pelos de cachorro e lentos movimentos caninos.

Eu estava gostando de estar de volta na velha lavanderia quando me dei conta do guarda descruzando os braços e olhando apreensivo na minha direção. Estávamos nos deixando nervosos. Ele queria o que eu queria – nós dois queríamos que o outro fosse embora. Então ele pigarreou para me alertar de que estava me vigiando – o que tomei como uma ofensa pessoal –, caso, como desconfio que ele achava, eu tentasse causar algum problema. Até então não tinha me ocorrido causar nenhum problema, mas de repente isso me ocorreu, e eu senti uma vontade enorme de destruir a instalação de Scott Eady. O impulso veio e foi, deixando-me num estado de excitação carregado de possibilidades. É claro que eu jamais faria uma coisa dessas, mas mentalmente eu já tinha feito – já tinha dado um safanão no desgraçado sobre o prato giratório tocando a "Dança da fada açucarada" e o tinha atirado longe no chão do museu. Dar um soco mentalmente não é a mesma coisa que executar a ação. Um terremoto não tem ensaio geral. Um desastre de carro não é tecnicamente um desastre enquanto não acontece. Portanto, o boxeador de Scott Eady ainda estava deslizando no prato giratório.

Para piorar as coisas, para complicar a situação já excessivamente tensa, o guarda pigarreou mais algumas vezes. O engraçado é que, quando eu finalmente olhei para ele, não me senti totalmente inocente. Entre o guarda e mim passou uma infinidade de cenas em movimento – vi Corbett na lona, sem conseguir se levantar, e a figura branca e ossuda de Fitzsimmons se virando de costas com o ar distraído de alguém que não quer se responsabilizar pelo leite derramado. E quando o guarda fez um aceno de cabeça e eu acenei de volta, como boxeadores demonstrando respeito mútuo no fim de um round particularmente violento, recordei uma cena de um filme que eu mal me lembro, a não ser pelo momento em que o compositor entra num lago para se afogar. E em vez do embate violento para o qual eu tinha me preparado, nós nos separamos com um último aceno. Um meu. Um dele. Tudo perfeitamente civilizado.

No escuro está o passado. Passo na ponta dos pés pela porta fechada do quarto dela. A luz fica no final do corredor. Ela entra pelas janelas da sala. Eu caminho na direção da luz.

Não conheço nenhum repúdio mais forte do passado do que aquele que o envelhecido Krapp expressa na peça de Samuel Beckett *A última gravação de Krapp*. O silêncio prolongado no início da peça não fornece nenhuma pista da fúria que irrompe mais adiante.

Eu estava numa plateia que esperou vinte minutos para Krapp falar. Os minutos iam passando – longos minutos nos levando a divagar pairaram sobre o teatro –, então Krapp (representado brilhantemente por Michael Gambon) se levantou num silêncio rancoroso e as cabeças na plateia se levantaram ao mesmo tempo. Alguém tossiu e Gambon pareceu fazer uma pausa, como se tivesse ouvido, e a tensão atingiu um nível insuportável. Teria sido perfeitamente aceitável se alguém tivesse gritado ou desmaiado ou enfiado uma faca no vizinho.

Krapp caminhou devagar em volta da escrivaninha, arrastando os dedos contra o móvel. Nossos nervos já estavam abalados. Então ele abriu uma gaveta. Tirou lá de dentro uma banana, e a descascou.

Quase nada mais acontece em *A última gravação de Krapp*, e mesmo assim, tanto tempo depois, é a cena da banana que fica – que, francamente, eu poderia ter representado tão bem quanto ele –, e não o momento explosivo em que, num ataque furioso ao passado, Krapp pôs para tocar a gravação de quando era jovem. Ele arrancou a fita do gravador, atirou-a no chão e pisou em cima da sua juventude e da sua eloquência fingida.

Sempre achei que qualquer eloquência que eu pudesse ter era com certeza conversa fiada.

O que eu costumava gostar, e admirar, em Beckett era a austeridade. O que eu via era uma vida reduzida à sua essência. A prova estava estampada no rosto dele, naquele seu cabelo espetado, tão duro quanto uma escova de limpeza. Eu supunha que ele levasse uma vida monástica e se alimentasse de pão e água. Em diversos retratos, o rosto dele tem uma expressão firme, o cabelo para trás, e olhos tão aguçados quanto os de um falcão voando baixo sobre um campo. Era assim que eu o via, e era como Beckett nos encorajava a vê-lo. Na vida real, eu nunca vi ninguém igual a ele. Mas na paisagem imaginária, ele surgia – nas montanhas desmatadas e em seus trechos cobertos de tojo, e numa estrada agreste e sinuosa em estágios sucessivos de feiura. Eu imaginava a contemplação cósmica e cinzenta de Beckett movimentando quilômetros de asfalto em sua caminhada na direção de alguma praia árida, com o botão de cima do paletó abotoado, o nariz franzido ao sentir um leve cheiro de esgoto no ar.

Um dia, fuçando num sebo, folheei um livro grande de fotografias tiradas no sul da França. Mulheres bronzeadas dos anos 1970 com cabelos compridos e óculos escuros. Carros de época. Barracas e bolas de praia. Eu virei uma página e vi Beckett saindo da praia com uma toalha pendurada no braço, de short, óculos escuros e sandálias. Foi um choque encontrá-lo naquele ambiente ensolarado. Eu nunca o havia imaginado como alguém que tomava sol e usava sandálias – e de um tipo semelhante à marca distribuída pela fábrica de sapatos da época. Mas lá estava ele, em Cap Ferrat, pelo que me lembro, com o cheiro do verão emanando de sua sombra. Suas longas pernas bronzeadas caminhando em passos largos. Suas pernas eram outra coisa para se excluir. Suas pernas não condiziam com ele. Não faziam parte da biografia.

~

O problema com meu passado era que todas as fitas, se é que um dia existiram, tinham sido destruídas.

Uma das poucas histórias com uma frase indiscutivelmente alegórica que me foi passada tinha a ver com tempos difíceis.

*Muito antes de você nascer.* Sempre se podia contar com Mamãe para me dizer o quanto eu tinha tido sorte em aparecer atrás do repolho naquele momento, e não antes.

*Muito antes de eu nascer,* Bob chegou da escola e perguntou a Mamãe se podia comprar seu almoço na escola, como as outras crianças faziam. Aparentemente, comprar o almoço era uma novidade, e meu irmão queria experimentar. Mas é claro que não havia dinheiro para uma extravagância dessas. Bob deve ter insistido muito, porque no fim Mamãe encontrou umas moedas atrás do sofá e deu para ele. Meu irmão escolheu uma torta, uma torta de carne (a memória nunca falha em detalhes como esses), ou terá sido uma torta de batatas? Mas, quando chegou a hora do almoço, ele não conseguiu comê-la e guardou-a para levar para casa e dividir com a família.

Depois de contar essa história, Mamãe costumava balançar a cabeça na direção do vazio, enquanto eu demonstrava a devida admiração.

Eu poderia ter esquecido tudo, mas guardei as anedotas – a história da torta e a de Bob dando um tiro em si mesmo – e ria animadamente, como se eu tivesse estado lá, e abria um sorriso maroto quando mais uma vez nos lembravam que era impossível confiar em uma das irmãs quando se tratava de se servir de uma porção justa de creme espanhol, a especialidade de Mamãe. Estranhamente, esse fato permaneceu como um objeto estranho enterrado na areia.

Continuando com minha boa sorte, eu não tive que sair da escola aos 15 anos, como aconteceu com minhas irmãs, e, ao contrário delas, eu tinha uma raquete de tênis nova e roupas compradas em lojas. Aos 12 anos, eu tinha andado de avião – tinha ido para Sydney, e de lá para Surfers Paradise, onde comi meu primeiro filé havaiano e fiquei mudo de alegria ali sentado no cálice sagrado de um bar ao ar livre, tomando um coquetel de frutas enfeitado com um guarda-chuva de papel.

Minha mãe sonhava com uma vida diferente da que tinha. Ela gostava de hábitos ingleses, porcelana fina, boas maneiras, e costumava comentar quando alguém falava bem, mas esses tipos raramente visitavam a Stellin Street, 20. Quando o faziam, nós nos sentávamos em círculo, como um grupo de discípulos novatos. O que sabia falar – e muito convincentemente – era meu irmão.

Ele usou sua lábia para ultrapassar nossas origens de classe trabalhadora, o que tornaria tudo mais fácil para mim. Eu tive a sorte de frequentar a universidade – não que eu tivesse a intenção, mas ele insistiu. E por causa do sucesso de Bob nos negócios, Papai pode se aposentar da soldagem. Mamãe, que tinha feito faxinas para complementar a renda familiar e costurado roupas de baixo para os filhos, iria voar de primeira classe pelo resto da vida, e uma vez, um fato memorável, num avião fretado, por toda a Austrália. E como ela agora tinha recursos, as rugas de depressão e desilusão desapareceram do seu rosto. Durante os últimos trinta anos de sua vida, todo dia ela tomava um antidepressivo. O efeito foi extraordinário. O remédio parecia arrancar as camadas protetoras e permitir que uma pessoa diferente emergisse – uma pessoa muito mais alegre. Não foi uma máscara que ela colocou diante dos nossos olhos perplexos, mas uma parte dela que tinha ficado enterrada por tanto tempo sem condições de emergir e se expressar. Ela se transformou numa senhora adorável, cujo abraço de boas-vindas na porta e o pedido de um beijo em seu rosto pareceram de repente estranhamente impróprios, até mesmo perturbadores. Eu não estava acostumado com aquela pessoa, e se eu pudesse, passaria por ela sem me importar com sua reivindicação. Ser recebido na porta por todo aquele charme e batom – era demais. Era como se uma outra pessoa, apenas vagamente familiar, tivesse se apoderado dela. Sempre que eu cedia e a beijava, era como se estivéssemos fazendo uma brincadeira, como falar numa língua estrangeira ou desempenhar papéis numa peça dos quais só conhecíamos algumas falas.

Igualmente irritante era o fato de alguns velhos hábitos terem permanecido. Ela gritava comigo quando eu estendia a mão para pegar uma fruta na fruteira. Ela tinha *acabado* de comprar aquelas bananas. Por que eu achava que podia comer uma? Na semana seguinte, as bananas continuavam lá, moles, intactas, e cobertas de manchas pretas.

Esses momentos devem ter sido um ato de solidariedade com as mães solteiras que ela ensinava a economizar, algo que ela sabia muito bem, embora agora dirigisse um Jaguar último modelo quando ia ao Centro de Caridade em Hutt, para dar conselhos a moças desesperadas que chegavam de ônibus.

⌒

Eu tomo conhecimento do mundo a partir das coisas que estão próximas a mim. Um instrumento musical pode ser feito esticando tripas de carneiro entre dois chifres de bode. E o destino pode intervir de formas surpreendentes. Quem teria tido a ideia de dar um carneiro voador para uma ninfa, para ela resgatar os filhos das mãos de um pai assassino? Ou de lançar um feitiço sobre cães de guarda e roubar o latido deles? E eu sei que o roubo pode ser uma espécie de castigo cômico para a ordem do mundo, como quando fazem o gado roubado andar de costas para enganar os perseguidores. Entretanto, na história do meu mito preferido, escovas são atadas nos rabos do gado, fazendo com que o traseiro apague todo vestígio de sua passagem. Eu também entendo que a vingança não tem limites. Governantes são transformados em corvos, seus filhos em passarinhos, e traidores em pedra.

Eu sei tudo sobre Hermes porque "em prol da minha educação" Mamãe fez uma assinatura da revista *Knowledge*, que agora aparece regularmente na caixa postal da Stellin Street, 20.

Também li que Hermes, o intérprete de sonhos e mensageiro dos deuses, concedeu à testemunha Esopo o dom da fábula.

Na realidade, eu tenho um mágico de verdade na minha vida capaz de produzir ouro.

Todo domingo, Bob vem para o assado.

Ele estaciona seu carro esporte caríssimo na entrada, ao lado das latas de lixo, o que atrai as crianças e os cachorros da vizinhança. Ele geralmente está excitado demais para comer. Em vez disso, ele anda de um lado para outro na pequena cozinha, contando aventuras a respeito dos seus vendedores, que vendem espaço de anúncio para comerciantes numa coisa chamada *The Bride Book*.

Meu irmão leva para dentro daquela pequena cozinha uma vida cheia de histórias fantásticas e exageradas. Ele normalmente é o personagem principal delas. Para distrair a atenção, existe o mapa do mundo preso na parede. Meu pai mantém a cabeça baixa e se empanturra solitariamente de carne com batatas. É quase como se ele não pudesse ouvir. Por outro lado, ele às vezes se lembra de mim e, antes de enfiar o garfo cheio de carne na boca, grita do outro lado da mesa: "Capital da China?"

As histórias de Bob têm um toque de Robin Hood. Mamãe às vezes sorri, ou se policia e transforma o sorriso numa expressão oficial de censura. Talvez seja porque o mundo que meu irmão nos traz tenha regras diferentes. Até onde eu sei, não tem regra nenhuma. É um mundo em que o pobre enjeitado do Tom Jones, de Henry Fielding, iria prosperar. Sob muitos aspectos, Tom Jones faz parte da nossa árvore genealógica, junto com Hermes. E aqui também uma lição seria absorvida como a história da torta e, menos honrosamente, como a do anticatolicismo de Mamãe. Era possível ser uma pessoa qualquer e conseguir o que quisesse. Em segundo lugar, "trabalho" era uma palavra vaga e construída. Nosso pai tinha se matado de trabalhar à toa. De agora em diante as coisas iam ser diferentes. Meu irmão tinha encontrado um jeito.

Eram os anos 1960, e enormes trechos do planeta que conhecemos hoje — a América do Sul, para escolher apenas um continente — só existiam para nós no mapa. No mundo para além das latas de lixo, um jovem casal se apaixonava, ficava noivo, comprava um terreno e construía uma casa. Idealmente, o último prego era colocado quando ela tinha o primeiro filho.

Por mais piegas que isso possa parecer, a *The Bride Book* falava de tempos mais felizes à frente. Não tanto para os casais. O modelo de negócio por trás da *The Bride Book* não dava a mínima para eles. Tempos mais felizes para os comerciantes, e as fantásticas oportunidades de negócios associadas à decisão de um casal de subir ao altar, normalmente depois dos primeiros amassos no banco de trás de um carro estacionado perto do rio.

Um bombeiro ou um eletricista ou um oficiante de casamento, ladrilheiros e especialistas em linóleo e iluminação e acessórios de casa — nenhum deles queria ficar de fora. Hermes não teria feito melhor se criasse uma *The Bride Book* para explorar o conto de fadas padrão tão irresistível desde o início dos tempos. A maravilhosa ironia é que seu criador veio de uma família marcada por ilegitimidade e abandono.

O mundo além das latas de lixo, eu entendo, é uma pantomima. Alguém está sempre fingindo ser o que não é. Os homens que trabalham para Bob têm apelidos como "Pé Quarenta e Quatro". Como todos os homens extremamente altos, Pé Quarenta e Quatro passou pela porta com a cabeça abaixada e continuou assim depois que se sentou à mesa de jantar para comer o assado de Mamãe. Sr. Moisés foi outro pseudônimo que eu ouvi, inteiramente apropriado para alguém oferecendo a Terra Prometida para um construtor deslumbrado, apanhado no meio de uma escada. E Rick, é claro, de quem minha mãe não gostava porque, segundo ela, ele era bonito. Ela também implicava com os dentes dele, que, até onde eu podia ver, eram perfeitos. O sorriso e seus dentes brancos e brilhantes se sobressaíam sempre que ele entrava na cozinha. Mamãe desviava os olhos severamente. E Rick era esperto o suficiente para se dirigir à Mamãe por Sra. Jones, nunca Joyce.

No final dos anos 1960, Bob entregou uma *The Bride Book* nas mãos do marido de Lorraine, Michael, que continuou a dirigir a revista do escritório em Hutt, na rua atrás da margem do rio.

Depois da escola, eu aparecia lá para enfiar calendários cheios de anúncios dentro de canos.

Pela porta aberta do escritório, ouvi Michael instruir um novo vendedor. E foi como tornar a ouvir uma história contada no almoço de domingo, anos antes. "Agora, eu vou ser o Sr. Brown. Você vai ser o Sr. Green."

O vendedor em treinamento saiu do escritório para incorporar o Sr. Green. Ele mal notou o garoto no canto, enchendo os canos. Mas eu o notei, e a um bando de outros Sr. Green com suas camisas brancas mal passadas e gravatas pretas e finas, cada um deles com cara de mórmon, jovem, cheio de espinhas, murmurando as frases que iriam levá-lo ao mundo como Sr. Green. Ele respirou fundo e entrou no escritório. "Olá, Sr. Brown. Eu sou o Sr. Green...", o que foi seguido logo depois por uma série de gargalhadas.

"Da pobreza à riqueza." Eu tinha 9 ou 10 anos quando vi essa manchete. Eu me lembro da sensação de ver Lorraine, que até poucos anos antes morava num trailer no acampamento de Hutt Park, fotografada pelo jornal — lá estava ela, no jornal, segurando uma maquete de um prédio comercial na Andrews

Avenue, que quando ficasse pronto iria ser o prédio mais alto de Hutt, e cujo proprietário era meu irmão.

Bob tinha se tornado um milionário, algo inimaginável para os moradores da Stellin Street, 20. Mas, num nível mais profundo, nada iria mudar muito. A história que não foi contada ainda estava presente – na luta de Papai para ser compreendido, na neurose de Mamãe.

No meu próprio caso, isso se manifestava numa simpatia pelos marginalizados e num desprezo por qualquer um que fizesse parte do sistema, embora, paradoxalmente, sem condenar necessariamente a ideia de sistema. A pessoa pode admirar o cristal sem ter necessidade de possuí-lo. Ambição era o traço mais ofensivo de caráter.

Nunca me ocorreu que minha herança incluía também uma rica linhagem de bufões e tolos e temerários que diziam em voz alta o que todo mundo pensava, mas não tinha coragem de dizer.

Mas isso era acompanhado de uma certa imprudência. As palavras podiam nos levar a qualquer lugar. Era apenas uma questão de confiar completamente nelas.

※

Certa vez eu fui até a Ucrânia, atrás da história da família da minha mulher. Não pareceu uma ideia tão louca assim buscar a origem de uma semelhança física entre meu filho mais velho e seu bisavô. Eu às vezes me perguntava se o avô de Jo tinha sido mesmo um violinista do czar, mas havia o retrato dele tão próximo de nossas vidas, observando a correria das crianças pelo corredor, retornando meu olhar com tanta compostura, como se adivinhasse minhas dúvidas e quisesse me tranquilizar dizendo-me que sim, que tudo o que eu tinha ouvido era verdade.

Isso era história de verdade, história desejável – e aconteceu em lugares que eu queria visitar. Certo ano eu viajei para a Moldávia, bem fora do "mapa familiar", e, sem pistas, eu me vi inventando uma. Eu disse o que foi necessário para convencer a embaixada da Moldávia em Moscou a me dar um visto, e foi assim que me vi sentado num quarto de hotel em Kishinev com um mapa aberto nos joelhos e uma cruz marcada em Zura, uma pequena aldeia nas margens do Dniester que corre do topo da Rússia para o mar Negro.

Gostei do som de Zura. Era tão fora de mão e tão inacessível que a única desculpa para visitá-la era inventar uma história familiar que incluísse a cidade. Eu tinha contado ao cônsul que um antepassado da minha mulher havia navegado pelo Dniester até chegar a Zura. E quando foi que isso aconteceu? Eu só pude fornecer datas aproximadas.

Isso hoje parece absurdo, mas eu me lembro de ter contado calmamente esta história familiar com o sangue-frio de um vendedor da *The Bride Book* ou então de Arthur Leonard Jones inventando a história do afogamento no mar.

Caso contrário, Zura é um mundo que eu jamais teria descoberto. E, com certa razão, vovô Arthur Leonard Jones poderia alegar que se não fosse a história do afogamento no mar ele jamais teria encontrado sua terceira esposa e, até onde eu sei, a felicidade.

Minha intérprete era uma professora desempregada de Kishinev. O namorado dela, um inspetor agrícola, conhecia a cidade; ele ia lá algumas vezes por mês. Seu pequeno carro era uma visão familiar para os soldados que guardavam cada ponte, e nós passamos sem problemas. Havia uma guerra em andamento. Ou que tinha terminado recentemente. Algumas semanas antes nós estaríamos na Moldávia. Agora a fronteira tinha mudado de lugar e nós estávamos passando por Dniester ocidental. Finalmente chegamos em Zura, uma pequena aldeia sem bloqueio nas estradas. Do outro lado do rio ficava a Romênia.

Sem o faz de conta, eu jamais teria conhecido o velho judeu. Um grupo se reuniu ao redor da cerejeira onde eu me sentei com o prefeito, a intérprete e o inspetor agrícola enquanto esperávamos o velho aparecer para me explicar sobre os antepassados da minha mulher.

Ele chegou com uma pequena pasta parecida com a que Papai usava para carregar seus sanduíches e seu tabaco para a fábrica onde ele produzia carros de bombeiros.

Baixo, magro, com os joelhos fracos, vestindo um terno surrado e uma camisa com o colarinho puído. Pedaços de jornal saíam pelos lados dos seus sapatos rachados. Seus olhos eram grandes e parados, ele não piscou uma única vez. Seu rosto era coberto por uma barba rala, grisalha.

Trouxeram uma cadeira para ele. Ele foi tratado com muito respeito, o que aceitou com naturalidade, ou, como mais tarde me ocorreu, considerou como sendo muito pouco e muito tarde. Ele recusou com a cabeça quando lhe ofereceram um gole de vinho tinto. Seus olhos tendiam a lacrimejar, e ele os enxugava a toda hora com um trapo velho.

O ar estava frio fora do sol e o lugar onde nos sentamos debaixo da árvore estava parcialmente na sombra. Eu colhia cerejas e cuspia os caroços no chão, como tinha visto o prefeito fazer.

O velho pôs a pasta em cima da mesa. Lá dentro havia recortes de notícias da época da guerra. Como estavam escritas em russo, eu as entreguei para a intérprete. Havia uma pequena multidão atrás de nós. A intérprete pôs os óculos. Eu podia ouvir o rio correndo entre as pequenas casas. Um carro diminuiu a velocidade para olhar, e em seguida foi embora. Quando a intérprete começou a ler, o velho se animou. De vez em quando, ele balançava afirmativamente a cabeça para algo que ela dizia, e quando ela terminou, ele anunciou com imponência que depois de convocado para o Exército Soviético tinha lutado em todas as frentes de batalha. Eu me lembrei das noites diante da TV, das carroças cheias de cadáveres e das paisagens divididas com arame farpado, e tornei a ouvir o lamento de Mamãe a respeito da desumanidade do homem para com o homem.

A voz dele era surpreendentemente enfática, como a de Mamãe no final da vida, quando pareceu recuperar brevemente a voz, mas não o controle dela, de modo que suas palavras saíam em diferentes registros, surpreendendo como um arroto inesperado. E eu me lembro de pensar na época que era como se ela estivesse esvaziando os porões de todas as vidas que tinha vivido, num momento falando como uma garotinha, no momento seguinte falando com uma voz gutural e dura, e depois com um tom de repreensão enfático, como sua bronca quando eu estendia a mão para pegar uma banana. O velho em Zura falava do mesmo modo enquanto espetava o ar com o dedo e listava todas as frentes em que tinha lutado.

O grupo ouvia e balançava a cabeça silenciosamente, como figurantes, mas agora ele estava se repetindo e as pessoas esperavam pacientemente por algo novo. Eu tentei dar a impressão de estar prestando muita atenção, até me distrair com as suíças do velho, notando mais uma vez como elas eram ralas.

No Exército Soviético, o velho tinha tido vários confrontos com a morte – seu corpo ficou coberto de feridas causadas por estilhaços –, mas o fato de ter sido recrutado sem dúvida salvou sua vida. No final da guerra, ele voltou para Zura para descobrir que tinha lutado numa guerra perdida. Os romenos tinham atirado no rio todos os judeus, inclusive todos os membros da família dele.

O velho se inclinou para a intérprete e falou baixo, com uma voz rouca. "Sim", ela disse. E, olhando para mim, ela acrescentou: "Só restou ele."

Ninguém disse nada enquanto o velho fechava a pasta e se levantava para ir embora. Ninguém se mexeu enquanto ele caminhava até o portão. A intérprete segurou meu braço. "Qualquer parente da sua esposa", ela disse, "com toda a certeza morreu afogado no rio."

~

Eu tinha começado a viajar muito cedo, achando que se andasse pelo mundo com a boca, ouvidos e olhos abertos iria captar alguma coisa. E isso aconteceu, transitoriamente. O mundo entrava pelas janelas de ônibus e trens através da América e da Europa. E de vez em quando uma imagem de Papai aparecia – dele na pia da cozinha, olhando pela janela para a rua com seu olhar de deque de navio. E era sempre um lugar decepcionante para o qual voltar, um lugar de onde eu tinha fugido porque ele parecia me fixar, assim como me definir. E eu não queria nem uma coisa nem outra.

Mas naquele inverno, enquanto vagava por zonas abandonadas em Christchurch, eu estava sendo empurrado silenciosamente de volta para casa por correntezas que eu mal notei.

O ar na cidade era rarefeito, quase doía para respirar, e havia neve de uma semana por toda parte. Eu me vi do lado de fora da basílica, olhando através da barreira para as folhas de outono cor de bronze de um álamo. Fui informado de que as folhas iriam durar até a primavera. A tenacidade do álamo contrastava com tudo o que estava desmoronando em volta. Ele se manteria firme até não precisar mais fazer isso. Tudo, ao que parecia, tinha primeiro que se fixar, depois se desenredar, para começar um novo cultivo. Assim, velhas informações conseguiam se transformar em novas informações.

# CINCO

NA MEMÓRIA DA MINHA MÃE, as coisas simplesmente aconteciam. Rupturas devastadoras ficavam sem explicação ou eram reduzidas a uma fala de teatro de marionetes: *Bem, ela teve que escolher entre ele e mim, e no fim o escolheu.* Mas as coisas não acontecem simplesmente. As coisas ocorrem de uma determinada forma por algum motivo.

Mamãe nunca viu o que estava dentro da pasta nos porões dos arquivos nacionais. Aqui, o passado era apresentado com uma irresistível frieza burocrática – uma pasta marrom amarrada com um barbante. No final de 2011, a pasta estava sobre uma mesa. Por alguns minutos, não fiz mais do que olhar para ela. Depois, tomado por uma noção cerimoniosa de como proceder, desatei delicadamente o barbante e a pasta deixou o ar sair. E eu senti o cheiro abafado de um quarto que ficou trancado por quase um século.

Foi como o fim de um longo voo em que você acorda a tempo para o pouso através das nuvens e, olhando pela janela, espanta-se ao contemplar os detalhes de um lugar do qual apenas ouviu falar vagamente. E como os detalhes têm um caráter novo e fresco, o olhar febril busca ver tudo ao mesmo tempo.

Foi isso que aconteceu com minha primeira leitura das 125 páginas dos autos do processo de divórcio de Maud e Harry

Nash. Eu li rapidamente para chegar logo ao fim, depois voltei ao começo e li de novo com mais atenção. Foi só na terceira ou quarta leitura que os detalhes foram aparecendo. Inevitavelmente, uma narrativa começou a tomar forma. Eu comecei a ver Maud. E, o que foi maravilhoso, um avô que eu não conheci apareceu – o pai da minha mãe, um fazendeiro de North Canterbury. Li com a atenção de um jurista. Li com alegria, e li com o sentimento de vergonha de um parente próximo. As opiniões mudavam. Li com a mente aberta, o que levou à compaixão por alguém que só tinha me feito sentir desprezo. E então li com imaginação, a fim de trazer à superfície as motivações que o júri aparentemente não conseguiu enxergar sozinho, e li de tal forma que me vi reconsiderando tudo que tinha ouvido falar sobre minha avó, Maud.

Pena que minha mãe nunca tenha ouvido Maud contar sua própria história, nem tenha ouvido o que ela tinha a dizer sobre a filha.

⌒

Agora havia datas, partidas, lugares, ocupações a considerar. O estabelecimento de uma vida em Somerset seguido de revolta. E, é claro, havia os "fatos," se é que se pode chamar assim.

Maud era professora assistente de uma escola em Wellington, Somerset, onde passou sete anos cuidando dos "pequeninos" (e recebeu um "certificado de eficiência").

Em 1912, com 28 anos, ela se empregou como governanta dos filhos de um diretor de escola e sua mulher e foi com eles para a Nova Zelândia. Como os autos do processo não mencionam este fato, acredito que Mavis tenha me contado. Eu tenho uma vaga lembrança dela descrevendo uma movimentação da família para diversos lugares do mundo por volta dessa época. O Canadá foi mencionado, assim como diversas cidades americanas. Chicago, se bem me lembro.

Um irmão, Bert, que surge durante o julgamento do divórcio, disse que a irmã veio para a Nova Zelândia para "melhorar de vida". Mas vejam o que ela deixou para trás.

Eu digito "Wellington Somerset 1912" no meu navegador e descubro uma pequena cidade inglesa, muito agradável. Hera, cercas vivas, toldos de lona protegendo uma fileira de lojas. Pessoas a pé dividem uma rua pouco movimentada com algumas figuras de bicicleta e uma charrete. Com seus bonés e pesados sapatos pretos, três meninos numa rua parecem adultos em miniatura. Há um monumento numa colina e um jardim público, parecido com qualquer outro existente em Christchurch ou em Wellington nessa época: linho, um repolho, ciprestes, caminhos, gramado. Um céu sereno, um fiapo de nuvem. Existe uma tranquilidade que não se encontra facilmente na paisagem do lugar onde Maud chega.

As encostas das Rimutakas que se erguem como os portões de um reino proibido no alto do Hutt Valley foram desmatadas sem piedade. Na cidade de Wellington, um monte Victoria deflorestado se avoluma sobre casas de chapas de ferro onduladas e madeira sem pintura como um gigantesco deslizamento de terra prestes a ocorrer. Dos desembarcadouros, os morros desmatados parecem estropiados e cobertos de cracas com seus pequenos chalés de madeira. É como se os construtores tivessem saído com um carrinho de mão, uma pá e uma ferramenta para abrir caminho no meio da vegetação, com instruções de fixar residência onde bem quisessem. Se Maud tiver sido eficiente, deve ter notado que as estradas não mandam nessas montanhas. É montanha primeiro, depois vista e aspecto, depois a própria casa, e finalmente a estrada, que é um termo extravagante para uma trilha ziguezagueando por entre a vegetação sombria ou iluminada pelo sol e castigada pelo vento. O mesmo vento que ameaçava me carregar dos picos de Pencarrow quando eu era pequeno arrasta tudo que não esteja preso no varal ou ancorado no chão. As toucas da rua do mercado em Wellington, Somerset, não iriam durar um segundo.

Por que ela se estabeleceu aqui, numa Wellington castigada pelo vento? Por causa da minha mãe. Eu vou chegar lá.

Maud deixa o diretor de escola e a esposa dele na capital e continua viagem até Christchurch, para ficar "com amigos". Quem são esses amigos? Nenhum nome é fornecido. Eles moram numa fazenda "em South Island", o que, de novo, é um tanto vago. Maud fica lá durante um ano. Então, no final de 1913, ela arranja um emprego numa fazenda de criação de ovelhas em North Canterbury, onde diz que por mais um ano "Eu trabalhei como governanta".

Se ela veio de Christchurch, deve ter tomado um trem para a pequena aldeia de Hawarden, em North Canterbury, e de lá deve ter ido de charrete para Taruna, a fazenda de criação de ovelhas de Owen Tibbott (O.T.) Evans.

Eu sempre pensei em Maud como uma pessoa velha. Para começo de conversa, seu nome a torna velha. E o fato de ser mãe da minha mãe a torna mais velha ainda.

Eu tenho que lembrar a mim mesmo que esta viajante é uma mulher jovem. Em Taruna, ela é uma jovem praticamente sem vizinhos por vários quilômetros ao redor. Há montanhas atrás da casa. Ovelhas nos pastos oferecem pequenas mudanças na paisagem. O vento noroeste é como uma praga incessante, assobiando no telhado quando ela está esquentando água, sussurrando em seus ouvidos quando ela está pendurando roupa no varal. Ele está ali no seu rosto, no seu cabelo, sempre que ela percorre o longo caminho até a caixa de correio. Mas então, sem aviso, há momentos de absoluta tranquilidade, é como se o mundo estivesse dizendo para ela: "Olhe onde você chegou. Você caiu em um buraco na terra." É claro que eu estou impondo meus próprios pensamentos a Maud. Ela pode ter sentido outra coisa. Taruna, com seu cenário majestoso, pode ter parecido o começo de algo novo.

Os autos do processo dizem muito pouco sobre o tempo que Maud passou em Taruna. Mas foi aqui que ela engravidou de O.T.

No que diz respeito aos autos, Taruna é apenas um prelúdio. Mas me interessa. Tem a figura de um avô para desenterrar. Tem um romance para imaginar. Quando minha mãe foi concebida, a mulher de O.T., Maggie, estava morando na casa deles em Christchurch, amamentando o primeiro filho do casal, Geoffrey. Minha mãe nasceu em dezembro de 1914, mas em maio daquele ano Maud ainda estava na região. O nome dela aparece num jornal de Christchurch junto com diversas outras mulheres que organizaram um bazar de roupas naquele mês para levantar fundos para as quadras de tênis e o campo de críquete em Waipara, a cidade mais próxima.

Então, claramente, ela faz parte da comunidade e colabora com ela. Ela já está com dois meses de gravidez quando ajuda no bazar. As pessoas a conhecem – talvez até pelo nome. No mínimo elas já viram seu rosto por ali.

Talvez ela ainda não saiba que está grávida – mas o momento da descoberta não deve demorar muito.

Se o mundo de Maud está prestes a ganhar uma nova dimensão, O.T. deve ter sentido que o dele estava ameaçado. Também está claro que a família de Maud na Inglaterra nunca ficou sabendo da gravidez. A decisão de mantê-la em segredo foi tomada logo no início. Dá para imaginar as conversas, as conversas difíceis que entravam pela noite, a respeito do que fazer. Em 1914, uma criança nascida fora do casamento era motivo de grande vergonha. O Exército da Salvação se reunia no fundo do despenhadeiro com suas diversas categorias de "desgraça" para considerar – *desgraçada há quanto tempo, desgraçada pela primeira vez, desgraçada pela segunda vez*, e assim por diante. A desgraça tinha suas peculiaridades – *abuso, álcool, burrice, más companhias, sedução, desgraçada mediante promessa de casamento*. Uma grande porcentagem das "mulheres desgraçadas" a cargo do Exército da Salvação era de empregadas domésticas, geralmente de origem humilde.

⁓

A história de Nathaniel Hawthorne a respeito de uma mulher desgraçada em *A letra escarlate* lhe trouxe fama dos dois lados do Atlântico. Por um tempo, o romancista foi o cônsul americano em Liverpool, um posto que sua esposa descreveu como sendo o segundo em importância, perdendo apenas para a embaixada em Londres. Em Liverpool, Hawthorne gostava de passear pelo cais do porto. Um dia ele parou para observar uma procissão de meninas e jovens mulheres da Casa de Trabalho* indo na direção do cais para tomar o navio que iria levá-las para trabalhar como empregadas domésticas no Novo Mundo. Ele escreveu em *English Notebooks*:

---

* Casas na Inglaterra onde pessoas sem condições de se sustentar podiam morar e trabalhar. (N. da T.)

Eu jamais teria imaginado ser possível juntar tantas crianças sem qualquer traço de beleza ou de inteligência, nem mesmo em uma única delas... (suas) feições grosseiras e rústicas indicavam origem humilde e pais brutais e ignorantes. Elas não pareciam más, apenas tolas, embrutecidas e sem alma.

O *Asia*, com os Bibby a bordo, tinha parado na Irlanda a fim de pegar mulheres da Casa de Trabalho para levar para Port Chalmers, na Nova Zelândia, onde a maioria delas, segundo um relatório de acompanhamento, se mostrara completamente inútil como empregada doméstica. Um pequeno número foi abrigado em quartéis, de onde elas tinham o hábito de fugir, se embebedar e ganhar dinheiro de "formas inexplicadas".

Se a observação feita por Hawthorne fala do tipo físico, em *A letra escarlate* nós encontramos um retrato mais solidário da mulher desgraçada na forma de Hester Prynne.

Assim como ocorria numa aldeia puritana em Massachusetts, uma criança nascida fora do casamento numa colônia vitoriana nos confins do Pacífico também era um acontecimento devastador. A vergonha tinha que ser absorvida até que a desgraça se tornasse parte da história de vida, modificando todos os envolvidos.

O catastrófico para mulheres desgraçadas como Maud e Hester é o tamanho da desgraça. As duas mulheres irão tentar interromper a queda com uma das mãos e se agarrar à criança com a outra.

A história da minha mãe começa aqui – com a mãe dela fugindo.

Como o mundo é ferozmente presente. Como ele é ordeiro e disciplinado. Através das árvores, estão os pastos verdes e suas promessas luminosas. A estrada que trouxe Maud para cá agora a leva embora discretamente. Essa é a última vez que ela porá os olhos em Taruna. E em seguida ela está num trem, se afastando do mundo do fazendeiro. Uma balsa noturna percorre a costa montanhosa de Kaikoura e prossegue na direção do estreito açoitado pelo vento. Até a chegada do bebê não há muito o que fazer, a não ser esperar em Wellington, talvez se entediar na janela do hospital e com o dia sem nuvens. Ele vai nascer no verão.

O parto de Maud é feito num hospital particular. Mais tarde, ela diz no tribunal que pagou por ele sozinha – claramente uma questão de satisfação pessoal para ela. Mas qual hospital? Eu imagino se foi no Calvary, onde tirei as amídalas aos 11 anos. Freiras, as primeiras que vi na vida, deslizavam pelos corredores. Ou no St. Helen, uma maternidade na Coromandel Street, que começa na área comercial de Newtown, na Adelaide Road. Mas essa maternidade era para mulheres casadas.

Ela pode ter dado um jeito de ir para lá. Engraçado pensar que a luta de Maud por subterfúgios possa ter começado para ser admitida numa maternidade.

Havia opções – aborto, adoção, infanticídio. Mas Maud está decidida, se é que chegou a haver alguma dúvida. O espelho do banheiro sustenta seu olhar e revela a verdade corriqueira de alguém procurando por alguma coisa que não está ali. Ela está esperando um filho. Ela não roubou um banco.

Ela vai ter minha mãe. Mas para isso ela vai ter que fazer outro sacrifício. Ela resolve desaparecer.

Ela deixa de escrever para os amigos e para a família na Inglaterra. Suspende toda comunicação com as pessoas que a conheceram antes dela entrar no hospital.

Quando minha mãe nasceu, Maud passou por algo semelhante em relação a si mesma – ela criou um novo nome, uma nova identidade. Ela inventou para si a história de uma viúva. Ela agora é May Seaward. Maud tem uma tia com esse nome em Portsmouth. Ela vai dizer que May é de Portsmouth também, e como ela precisa criar uma ocupação para o "falecido Sr. Seaward", ele pode ser um engenheiro, alguém qualificado e importante para a criação de novos mundos.

Um homem chamado Harry Nash pôs um anúncio no jornal local procurando por uma governanta que dormisse no trabalho. Em sua carta candidatando-se ao emprego, Maud diz que está em busca de um trabalho desses com "uma família refinada que não faça objeções a ela e sua filhinha". Quando Nash responde que a vaga já foi preenchida, Maud escreve de volta: "Fiquei com pena de não conseguir o emprego de governanta em sua casa, mas agradeceria que o senhor me escrevesse se no futuro voltasse a precisar de governanta."

A carta está na pasta; o endereço para correspondência é aos cuidados de uma Sra. Harrison, Rodrigo Road, Kilbirnie. Quem é a Sra. Harrison? Não ouvimos mais falar dela.

Maud encontra outro emprego para morar, este numa fazenda em Gladstone, Wairarapa, a 130 quilômetros de Wellington. As Tararuas, que separam Wairarapa de Manawatu a oeste, não são nem de longe tão imponentes quanto o sul dos Alpes, mas provocam a mesma sensação de isolamento. Maungahuia, que é o nome da fazenda e da localidade, é rodeada de colinas desmatadas onde as savanas ainda estão se formando. O ar do verão é cheio de uma fumaça espessa. Cinzas caem sobre a fazenda – elas se acumulam no parapeito das janelas e sujam os lençóis pendurados no varal.

Nas noites de verão, as pessoas vão até a beira das queimadas para admirar o espetáculo. Dezenas de charretes e carroças, um ou dois carros, um caminhão, e no escuro a multidão maravilhada contempla um céu que arde como uma cidade de fábula. Brasas luminosas enchem a noite e, quando uma apaga, outra toma seu lugar. Lá no alto, acima do céu aceso, tem um outro espaço maior, permanente e brilhante, que contém a galáxia.

Semanas depois, quando o céu aceso despencou na terra, os tocos enegrecidos queimam em fogo lento durante toda a madrugada. Homens gritam chamando seus cachorros das cinzas em brasa. Em um ou dois anos ninguém irá lembrar o que havia ali. Uma vaca irá pastar no capim onde antes havia uma árvore de trezentos anos. E um silêncio terrível se instala onde antes o grito característico da huia era ouvido por toda a floresta. As mulheres gostavam de usar o bico da huia como broche e as penas de pontas brancas de suas caudas davam belos adornos. Agora, as únicas huias que restam são empalhadas. Quando eu era criança, a ave ainda enfeitava um selo de seis centavos. E eu ouvi dizer que o nome dela vinha de um grito de aflição – *uia, uia, uia*, ou (em maori) "Onde você está?".

Maungahuia, "colina das huias", pode ser vista numa estrada perto de Gladstone. A fazenda original onde Maud e minha mãe moraram desapareceu, e a floresta que cobria a colina das huias não existe mais. O fazendeiro de uma fazenda que eu visitei acredita que a última huia foi encontrada morta numa quadra de tênis por volta da época da Primeira Guerra Mundial.

A temporada no hospital deve ter causado uma impressão favorável, possivelmente por causa das enfermeiras, que se moviam rápida e discretamente, porque, poucos meses depois de se mudar para a erma Maungahuia, Maud decidiu que queria ser enfermeira. Ela escreve para o St. Helen Hospital, a maternidade para mulheres casadas, e fica sabendo que só vão aceitar novos funcionários em setembro de 1915. Enquanto isso, chega uma carta de Harry Nash dizendo que abriu uma vaga de governanta na casa dele. Maud responde que pode ficar lá por seis meses, até a abertura de vagas no hospital. Nash escreve dizendo que aceita.

No final de fevereiro de 1915, munidas de suas histórias inventadas, Maud e minha mãe vão para a casa de Harry Nash na Upland Road.

A viúva e o viúvo deviam ter em comum a sombra persistente do cônjuge ausente, e o caos causado por uma guinada súbita de vida.

Dentro da casa há uma profusão de retratos da falecida Sra. Nash. Maud, é claro, não possui nenhum retrato do falecido Sr. Seaward. E o Sr. Nash tem três filhos, dois meninos e uma menina, todos eles no colégio interno. Os rostos deles são facilmente reconhecíveis nas fotos da falecida Sra. Nash. Mas quando Harry Nash observa minha mãe, a linhagem dela não é tão facilmente identificável. Talvez ela tivesse algo do rosto comprido de Maud, e seus claros olhos azuis, mas então o rosto se transforma misteriosamente nas feições do fazendeiro que não pode ser citado.

O Sr. Seaward, por outro lado, pode ser qualquer pessoa. Durante alguns meses, Maud faz circular sua história de viúva.

Existe muita coisa em jogo. Ela teve sorte – tem conforto e um certo grau de segurança na casa de Nash. Kelburn é um bairro agradável nos arredores da cidade. A Upland Road passa ao longo de um emaranhado de colinas e vales. Há vistas deslumbrantes por cima dos telhados alaranjados. Mas o terreno é difícil para um carrinho de bebê. Maud tem que empurrar o carrinho ladeira acima e depois segurá-lo com força na descida para evitar que minha mãe caia.

Harry Nash fez um pedido de casamento apenas três semanas depois de Maud e minha mãe terem ido para a casa dele. Maud pediu um dia para pensar. Obviamente, ela dormiu com Nash. É fácil calcular por que seu primeiro filho com Nash, Eric, nasceu em dezembro daquele ano, apenas nove meses depois de minha mãe ter chegado de Gladstone.

Inteiramente por acaso, como Maud teria dito, ela encontra O. T. Evans na cidade, no Lambton Quay. Ela disse no tribunal que o fazendeiro estava a caminho de Porirua, na época uma região agrícola, agora cheia de casas. Ele pode ter ido a Wellington a negócios. É possível. Mas também pode ter sido uma visita planejada para ver Maud e minha mãe.

No relato de Maud, ela conta ao fazendeiro que vai se casar. O fazendeiro fica satisfeito. Ela não usa o termo "aliviado".

O mais importante é que Harry Nash se ofereceu para adotar minha mãe, para criá-la "como se fosse dele", e no fim foi isso que convenceu Maud a aceitar sua proposta de casamento, como ela declarou no tribunal, para dar um "nome a Betty".

⌒

Betty. Está ali nos autos. Depois de conhecê-la a vida inteira como Joyce, é muito estranho – até soa um tanto desafinado – descobrir que Mamãe se chamava Betty.

Durante os primeiros anos de sua vida, ela é Betty – Betty Seaward, com um falso passado e um pai que não existe. Betty é uma completa estranha para mim. Betty sugere alguém com uma bandeja de bolos preparada caso tenha o prazer de receber uma visita inesperada. Betty sugere um sorriso aberto. O sorriso da minha mãe era mais reservado e, antes que as pílulas felizes fizessem efeito, só era oferecido com muita parcimônia. Embora de vez em quando ele desabrochasse com um prazer indecente, como quando lembraram a ela que sua direção imprudente tinha derrubado um garoto da bicicleta e ela respondeu: "Ah, você está se referindo àquele garoto *gordo*!"

Ela foi Betty até os 4 anos – tempo suficiente para sua personalidade se formar ao redor daquele nome. E no entanto, por mais que eu me esforce, não consigo me lembrar de nenhuma ocasião em que aquele primeiro nome tenha sido mencionado. Será possível que um nome simplesmente desapareça?

Embora esse possa ser o caso, o mundo habitado por Betty permaneceu com ela, porque Betty, como viemos a saber, pertence a uma casa de abuso verbal e físico, de humilhação, ameaças e violência interminável entre Maud e Harry, que, por vezes, beirava a loucura.

No dia 29 de junho de 1915, Maud e Harry Nash se casam na igreja presbiteriana da Ellice Street, Mt.Victoria.

Antes do casamento, Maud comete um erro terrível. Ela resolve contar a verdade para Harry. Não existe nenhum Sr. Seaward. Nunca houve nenhum engenheiro. Ela não é viúva. Ela inventou tudo, mas foi uma mentira necessária, porque de outra forma ela hoje seria uma mãe solteira, uma pária social, como Hester Prynne, de Hawthorne, e sua filha, Pearl, cada uma delas uma ameaça para a outra.

Um magoado Nash acha que foi enganado – primeiro pelas mentiras de Maud, e em segundo lugar pelo *timing* da confissão. Os convites já foram distribuídos. É tarde demais para cancelar o casamento.

Uma outra pergunta ocorre a Nash. Se não existe um Sr. Seaward, então quem é o pai da criança?

Maud se recusa a dizer.

⌒

Assim como Hester Prynne em pé no cadafalso com a filha diante de uma multidão hostil, enfrentando a insistência de um clérigo que queria que ela dissesse o nome "daquele que a seduziu e desgraçou".

– Fale e dê um nome à sua filha – diz uma voz no meio da multidão.

– Nunca – ela responde.

Ela é condenada também por sua teimosia e é lembrada da "indignidade e da gravidade" do seu pecado.

A cena se desloca para um tribunal onde um velho pastor é orientado a examinar Pearl para verificar se suas qualidades cristãs estão de acordo com as de uma criança de sua idade. Pearl foge por uma janela aberta e fica parada num degrau do lado de fora "parecendo uma ave tropical de rica plumagem, prestes a levantar voo". Olhando pela janela, o velho pergunta: "Quem criou você?" Pearl enfia o dedo na boca para pensar na pergunta. Ela anuncia que não foi criada, mas sim (numa variação das minhas origens num pé de repolho) que foi "colhida por sua mãe da roseira que crescia ao lado da porta da prisão".

Frustrado, o juiz se vira para o médico encarregado de analisar a natureza da criança e "a partir de suas características, dar um palpite inteligente acerca da identidade do pai".

A recusa de Maud em revelar o nome do pai da minha mãe irrita Nash. Alguém se safou de alguma coisa pela qual devia pagar. Ele fica furioso, cheio de indignação moral. Mas, eu me pergunto, será que é isso mesmo que o enfurece? Ou é o fato de Maud se mostrar evasiva quanto à identidade do pai, de ela não revelar o nome do homem nem dizer nada de ruim a respeito dele? Se ela não quer falar mal do homem, ele fará isso – e acaba se sentindo um tolo por difamar um fantasma.

O que significa o silêncio dela? Ele dirige sua atenção para Betty. Ela é fruto do amor de outro homem. Ele é o imbecil que paga as contas. Ele a levanta no ar e a sacode, tentando arrancar dela um nome. Ela não entende, é claro, que é um meteorito que caiu no mundo de Nash ou que o que ele segura nas mãos não é só uma criança, mas a prova de outro objeto do afeto de Maud. Nos meses seguintes, Nash encontra uma maneira de satisfazer a si mesmo e deixar Maud infeliz. Ela tem que entender que o mundo não irá curvar-se à vontade dela. Ela não pode ficar com a criança e ficar também com ele, não depois de ter revelado que o Sr. Seaward era uma mentira. Se Maud não revelar a identidade do pai, então ela terá que escolher entre Nash e a filha.

É fácil ver de onde vieram Eric e Ken. Harry pode ver neles muitos traços familiares. Ele está presente neles, e Maud também. Mas o homem que Maud se recusa a revelar também está presente – no rosto da minha mãe, dentro da casa de Harry, sentado à mesa, quase uma pessoa da família.

Nash começa a agredir e humilhar mãe e filha em público.

Nessa altura, Mamãe e os Nash estão morando em Manley Terrace, Newtown, e é lá que as coisas começam a ficar violentas.

Uma tarde, Maud chega em casa e encontra minha mãe com o rosto sangrando. Harry diz que a criança cortou o nariz nas grades do berço quando ele a estava pegando no colo. Maud olha para o sangue no chão, depois para minha mãe, e acusa Nash de ter batido nela. Furioso ao ter sua palavra questionada, Nash levanta a mão para bater nela, enquanto Maud corre até a cozinha para pegar o facão.

O que os vizinhos veem é Nash saindo para a rua e Maud na porta com a faca na mão.

Algumas semanas depois, os mesmos vizinhos veem Maud pendurada para fora de uma das janelas do segundo andar. Mãos de homem a agarram.

De quem são essas mãos? De Harry Nash? De quem mais poderiam ser? Nesse caso, essas mãos estão tentando salvar Maud? Mas do quê – de uma tentativa de ferir a si mesma? Ou estão ameaçando atirá-la pela janela?

Os vizinhos correm para dentro da casa, sobem a escada e encontram Maud na cama, exausta, com um olho roxo e marcas vermelhas no rosto.

Os mesmos vizinhos relatam brigas à noite – Harry tocando o piano cada vez mais alto, Maud revidando com o violino, arranhando as notas, provocando Nash, e Nash batendo violentamente com as mãos nas teclas do piano. Isso continua até os vizinhos chamarem a polícia. Quando a polícia chega, a transformação de Nash é notável. Ele de repente está calmo, preocupado, atencioso.

Quando eu chego ao mundo, o estrago está feito. Maud é insensível, horrível e manipuladora. Mas ninguém se interessa em saber por quê.

Em 1932, separação e divórcio eram assuntos resolvidos no tribunal, e qualquer pessoa disposta a passar por essa provação tinha que enfrentar um júri, como um criminoso comum, e correr o risco de ver sua roupa suja lavada na frente de todo mundo.

Para Maud, o tribunal se transformou numa versão do cadafalso para onde Hester Prynne, de Hawthorne, foi levada junto com a filha, Pearl, para pagar por seus pecados.

A defesa de Nash tenta provar que Maud é culpada de crueldade psicológica para com ele. Maud nega a acusação, e por suas próprias razões ela faz de tudo para provar que Nash é culpado de ser cruel com ela, na forma de abuso físico e psicológico para com ela e sua filha. E, pior – de chantagem, que é como o nome de O. T. Evans aparece, embora o nome dele nunca seja publicado no jornal que noticia o caso.

Eu li as cartas entre Maud e O. T., depois devolvidas aos autos do processo. Peguei as cartas. Eu as li com mais atenção uma segunda, terceira e quarta vez. Voltei à transcrição do julgamento. Eu não sabia o que pensar nem em quem acreditar. Maud é doida varrida. Nash é um homem violento. A transcrição é irritantemente inconclusiva. Entretanto, a fogueira que permaneceu em combustão lenta e provocou o longo silêncio que pairou sobre a minha infância está lá.

Minha mãe estava presente todas as vezes que Maud e Nash agrediram um ao outro. Ela estava lá quando Nash arrastou a mãe dela pela casa e pulou sobre sua barriga. Ela estava no andar de cima da casa em Manley Terrace quando Nash tentou atirar a mãe dela pela janela. Ela estava lá sem sombra de dúvida quando Nash correu atrás de mãe e filha pelas ruas de Newtown gritando, indignado – como numa nova e bizarra versão de *A letra escarlate* –, que a criança era uma bastarda!

Pelos padrões de hoje, tal acusação é algo absurdo. Mas a acusação importa menos que a vergonha de ver isso sendo berrado pela rua, e a vergonha é tóxica.

Talvez, passado algum tempo, essas humilhações tenham se tornado o distante ronco de um trovão. Eu imagino que Mamãe fosse pequena demais para saber que a briga naquele casamento era a respeito dela, e que as mentiras que Maud contava eram para protegê-la, e também para proteger seu pai. Ao ver tudo tão claramente exposto, os "fatos" ou, melhor dizendo, a crueza dos fatos – eu não esperava sentir a revolta que tomou conta de mim.

Uma mulher que é minha avó, uma estranha até então, de repente aparece diante de mim – no papel – brandindo um facão na cara do marido. Foi embaraçoso conhecê-la assim. Eu cheguei a me sentir estranhamente envolvido – no fim das contas, ela é minha avó. Nós nunca nos vimos, mas ela é em parte responsável pelos genes que eu trago dentro de mim. Então eu me vi procurando e encontrando traços em comum, não tanto na violência – tirando o ataque dela ao piano de Nash com um machado (uma vez ataquei com um machado um aquecedor que tinha piorado a minha alergia respiratória) –, mas na sua persistência e na indignação silenciosa que havia por trás.

Eu continuei a ler. Maud atira fraldas sujas na cara de Nash. Ela joga uma pesada caneca de esmalte nele, mas erra e acerta Eric, o bebê, na cabeça. Nash sai correndo de casa com o bebê no colo, achando que ele está morto. Maud ataca Nash com um facão quando ele se senta à mesa para tomar café. Ela ameaça matar Nash e o ataca com um suporte de toalha. No dia seguinte, ela sai correndo atrás dele com uma faca de mesa. Ela xinga Nash repetidamente na frente dos seus clientes e empregados, chamando-o de mentiroso e "filho de um criminoso" – o infeliz Nash nasceu em Melbourne –, possivelmente em retaliação por Nash chamá-la de "mãe de todas as mentiras". Ela atira um ferro elétrico em cima dele; ela o ataca com uma tesoura; quebra uma janela num acesso de raiva; arranha o rosto dele, deixando-o marcado; chuta as partes íntimas dele enquanto ele está aparando a cerca viva, levando-o a ficar de cama por uma semana. Logo depois disso, ela voa em cima de Nash com uma tesoura. Ela põe fogo na bengala de Nash. Num "acesso de raiva", ela quebra o vidro da janela com uma escova de roupa.

Depois de passar a vida toda sem saber nada a respeito de Maud, de repente isso é informação demais. Ela não é a pessoa que imaginei. É muito pior.

Mais uma vez, eu me obrigo a reler toda a transcrição dos autos, e agora chego a uma conclusão diferente. Ela é uma mulher calma que, entretanto, estava de posse de um facão. Ela é uma professora, uma mulher de olhos azuis e cabelo louro buscando uma "casa refinada para ela e sua filhinha", que, entretanto, estava de posse de um facão.

Por quê?

Harry Nash entrou com um processo de separação no tribunal. Ele é o requerente; Maud é a ré. No jargão da lei, Maud é acusada de ter adotado uma conduta cujo objetivo era desestabilizar (Nash) psicologicamente e destruir sua saúde; ofendendo (Nash) constantemente; agredindo (Nash) frequentemente, bem como os filhos dele do casamento anterior; e tentando humilhar (Nash) diante dos seus empregados e fregueses.

Nash tem que apresentar provas para essas acusações. Como requerente, ele também tem direito a se pronunciar primeiro. A violência de Maud parece indefensável. Mas ao me aprofundar na transcrição, o retrato muda. Eu me vejo adotando uma visão mais indulgente.

Bem mais indulgente que a do verme do cartunista que cobre o julgamento para o jornal *Truth*. Sob a manchete "A pequena pugilista" ele encompridou o perfil de Maud para dar a ela um nariz adunco e desenhou seu feio chapéu ainda mais feio na tentativa de dar a ideia de uma bruxa. Seu tratamento a Harry Nash é mais respeitoso. Harry aparece de terno e gravata; ele tem uma postura profissional. Não tem o ar de uma pessoa inescrupulosa. Nenhuma parte dele é satirizada, embora seu bigode seja, possivelmente, mais brilhante e exuberante na ilustração do que na realidade. Se Maud é desenhada para parecer desprezível, então, por contraste, o rosto agradável e franco de Nash chama a atenção. Ele é descrito como sendo afável. Ele fala baixo, com uma voz pausada e um pouco desanimada devido a tanto sofrimento. Por exemplo:

> Em janeiro (Maud) estava aprendendo violino e para me irritar ela praticava à noite. Na noite em questão, escondi o violino e disse a ela que o devolveria de manhã. Ela pegou um machado e começou a quebrar o piano. Depois

disso, ela se recusou a me deixar entrar em casa. Ela usou uma tesoura para me manter do lado de fora.

É difícil acreditar que Maud pudesse ter intimidado Nash a esse ponto. Claramente, o advogado dela pensava o mesmo.

— O senhor espera que este tribunal acredite que um homem alto e forte como o senhor tenha sido agredido a torto e a direito por uma mulher tão pequena?

— Ninguém pode imaginar como ela é, a não ser que tenha visto a mulher. Ela é louca.

Quando perguntam a Maud que tipo de homem é o requerente, ela responde:

— Muito violento.

— E a senhora já ouviu dizer que também possui um temperamento violento?

— Sim, muitas vezes. (Esgotada.)

— E a senhora tem?

— Podemos ser levados a extremos.

⌇

Uma tarde, eu saí da fábrica de sapatos para ir a Manley Terrace em Newtown, onde Maud quebrou o piano e correu atrás de Nash pela rua com uma variedade de facas e tesouras. O trajeto demorou cerca de 25 minutos. Eu achei a casa, toda pintada de branco. Suas janelas da frente me olharam misteriosamente. Manley Terrace é um beco sem saída protegido do vento noroeste e do vento sul, ainda mais frio. As janelas projetadas para a baía enfrentam a exuberância da rua com orgulho. A varanda do segundo andar foi fechada. Na época de Maud, ela deve ter servido de palco para a dona da casa. Do outro lado da rua, os estábulos de tijolos foram transformados em residências graciosas. Dobrando a esquina na Colombo Street, as casas de dois andares são da mesma época vitoriana, mas mais modestas. Casas geminadas, cada uma com um lance de escada na frente. No final da ladeira, começam os chalés modestos que se estendem para o norte e para o sul.

A casa de Maud e Harry é um tanto majestosa. Mas seu aspecto é limitado. Ela tem a intenção de dar para a rua – e nada mais. Dá a sensação de chegar num mundo mais amplo quando viramos na Colombo Street, e de sair dele quando entramos em Manley Terrace. A geografia familiar da cidade fica para lá de Colombo, na direção da área comercial de Newtown. E para o norte, depois do hospital, o monte Victoria se ergue em sua tentativa vã e interminável de tocar nas barrigas prateadas dos aviões que sobem e descem do aeroporto de Wellington. Na época de Maud, o monte Victoria tinha sido todo desmatado, e as ruas que subiam pela encosta eram cobertas por fileiras de velhas casas de madeira, algumas escoradas como um estoque de lenha esperando ser levado para dentro de casa.

Em Manley Terrace, eu procurei a janela onde Nash pendurou Maud. Eu provavelmente parecia um ladrão. De certa forma, eu era isso mesmo – estava procurando algo para levar comigo. Eu tinha uma certa esperança de que velhos fantasmas fossem aparecer subitamente na porta da casa. Mas o efeito da tinta branca é claro. A casa não quer se destacar. Ela não quis ficar presa à história que tinha acontecido no seu interior.

A polícia que aparecia lá regularmente nunca suspeitou que a causa da violência e da comoção na casa de Nash fosse uma criança e o que ela representava. A polícia nunca suspeitou porque naqueles momentos Nash se transformava no empresário

respeitável. Ele é a pessoa sensata, ansiosa para acalmar a situação. Depois que a polícia vai embora, a loucura recomeça.
É muito provável que Maud seja louca, mas tem motivos para isso. Haveria algo de errado se ela não acabasse enlouquecendo por causa da determinação de Nash de se livrar da filha dela. Que regras terríveis foram essas que determinaram que sua filha tinha que desaparecer depois que Eric e Ken nasceram?
Mas com o passar do tempo, o abuso não mostra nenhum sinal de que vai terminar. E eu me pergunto se a determinação de Maud enfraquece. Eu me pergunto se seus pensamentos a pegam de surpresa, pensamentos que, a princípio, cheiram a traição, quase ficam presos na garganta, mas que também servem para criar uma alternativa. O que aconteceria se ela fizesse o que Nash a está atormentando para fazer? Como ficaria aquele mundo sem a presença da criança para provocá-lo?
Nash é mais direto, mais franco em relação aos seus pensamentos. Se Betty pudesse simplesmente desaparecer, o mundo seria um lugar mais feliz e mais sadio.
É o lado negro da imaginação assumindo o controle. Por ora, a determinação de Maud se mantém.
Nash destrói as fotografias dos amigos e da família de Maud na Inglaterra. Ele a proíbe de se comunicar com eles. Numa ocasião, ele a repreende por parar na rua para falar com uma amiga. As brigas continuam. Os xingamentos voltam e frequentemente acabam em violência. No fim de suas forças, Maud se rende. Parece que a única forma de continuar com sua filha é revelando a identidade do pai dela.
Assim que ela diz o nome do pai da minha mãe, um limite é ultrapassado. Há uma espera para ver o resultado disso – e ele é ruim para Maud, como se verá, porque por insistência

de Nash ela escreve uma carta para O.T., quer dizer, Nash dita uma carta para O.T.: um pedido de dinheiro.

⌒

Maud contou no tribunal que Nash a obrigou a chantegear O.T. e a família dele:

> Uma sugestão foi expô-lo diante da comunidade onde ele vivia, o que, incidentalmente, significaria expô-la (Sra. Evans). Eventualmente ele chegou à conclusão de que a melhor vingança seria extorquir dinheiro do homem e no fim eu fui obrigada por ele a pedir 70 libras para mandar a criança para adoção.

A carta que Maud escreveu para O.T. em agosto de 1917 não está arquivada. Então não há como saber de que modo Nash a fez formular o pedido, embora Maud tenha chamado a situação de "chantagem vingativa". O.T. responde imediatamente, ansioso para abafar o caso:

> Cara Maude (sic)
> Só recebi sua carta hoje porque estive fora, e fiquei extremamente surpreso. Estou perplexo com o tom da carta. O que aconteceu para você se mostrar tão aflita? Você me disse que ia se casar e que seu marido ia adotar a criança, então não consigo entender o que houve. Se você escrever imediatamente, pode mandar a carta direto para mim, porque estou sozinho em casa. Estou disposto a fazer o que for melhor para você e para a menina. Diga-me qual é o problema e o que você quer, e eu farei o que puder. Mas, por favor, poupe meu pobre pai e minha pobre mãe,

se puder. Eu não me importo de pagar pelos meus pecados, mas, pelo amor de Deus, não tome nenhuma atitude desesperada. Mande uma carta imediatamente para mim.

Maud responde:

Caro Sr. Evans,
Eu não posso mais manter Betty morando nesta casa, então dá-la em adoção para alguém que possa amá-la e educá-la direito, bem como dar-lhe um nome, é a única maneira que eu tenho de dar a ela uma chance de felicidade...

Mais tarde, Nash escreve separadamente para O.T. enviando um recibo pelo dinheiro recebido. Ele escreve com um pseudônimo. Assina as cartas como H. Manley.

No verão de 1917, os ataques a Harry Nash – dos quais o tribunal vai tomar conhecimento e os jornais vão publicar com estardalhaço – são retomados.

Nash está aparando a cerca viva. Maud o está observando da varanda. Não há nada errado com a cerca, mas Nash a está aparando assim mesmo. Ele está impondo sua vontade à planta. Como sempre, ele quer que o mundo se submeta aos seus desejos, às suas necessidades. Ele não liga para ninguém. Ele faz o corte da cerca parecer algo perfeitamente sensato. Ele cortaria a cabeça da menina se pudesse; ele se movimentava metodicamente ao longo da cerca e cortaria a cabeça dela sem hesitação, preocupado com o processo e a aparência, preocupado consigo mesmo e com o que os outros pensam dele.

Existe algo de inaceitável a respeito de Nash, algo tão revoltante que ela não consegue mais aguentar. É difícil dizer se há um motivo específico, embora as calças dele a irritem, e o jeito arrogante com que ele se mantém de pé em suas botas, e seu ar santarrão com a tesoura de poda na mão. Ela se levanta da cadeira da varanda, tendo como único pensamento sua repugnância por tudo o que Nash representa, e de repente é necessário fazer algo para evitar que ele alcance aquele lugar da cerca viva onde irá machucar sua filha com a tesoura de poda. Então Maud dá um chute no saco de Nash.

Mas será que o incidente realmente aconteceu? Nash diz que a contusão sofrida em decorrência do ataque de Maud o deixou de cama por uma semana e que foi preciso chamar o médico. O médico se lembra de ter atendido Nash, mas não naquele momento e não por causa de um chute no saco, mas por uma distensão muscular.

Se isso realmente aconteceu, então por um átimo de segundo Maud deve ter sentido que alguma justiça foi feita. Não se trata de um argumento legal. É um argumento emocional, mas essa é a característica da sua guerra com Nash.

Maud remove os retratos dos filhos e da falecida esposa de Nash das molduras, presumivelmente para fazer Nash entender o que ele está exigindo dela, e para que ele se imagine naquela posição. E para mostrar que se ele for agressivo com a filha dela ela fará o mesmo com os filhos dele. E que se ele recorrer à violência, por mais frágil que ela seja, ela não irá desapontá-lo.

⌒

O.T. mandou mais dinheiro, como pedido, mas só depois de ter recebido uma segunda carta curta e seca dizendo quanto e para que era o dinheiro. A vida se tornou intolerável e Betty não pode continuar mais morando na casa dos Nash. O dinheiro é para Betty ser separada de sua mãe.

Maud escreve: "Cinquenta ou sessenta libras devem ser suficientes." Em 1917, cinquenta ou sessenta libras era o preço do aluguel e da alimentação de uma família durante um ano. O dinheiro de O.T. chegou conforme combinado – grande parte dele usado para pagar um advogado que tratou da retirada da minha mãe do mundo de Maud. Mas no decorrer das negociações o advogado morre e, conforme Maud diz no tribunal, em vez de passar de novo pela provação de conseguir um novo advogado, ela decidiu tratar da adoção da minha mãe "por meio de amigos". Ela diz "por meio de" e não "por".

O Dr. Robertson, que tratou de Maud nessa época, a descreveu numa carta encaminhada ao tribunal:

... arrasada física e mentalmente. Ela estava muito deprimida. Dava a impressão de que tinha alguma coisa perturbando sua cabeça. Ela não era uma mulher forte. Não havia nenhum sinal de insanidade. Ela estava quase histérica. Eu a tratei de um abscesso sob o queixo e tive que aplicar anestesia geral por causa do seu extremo nervosismo. Considerei que seu estado era devido a algum estresse mental... Tive uma conversa com a enfermeira, que indicou apenas problemas familiares.

Outro médico, Dr. Couzens, disse ter tratado de Maud por causa de uma "depressão nervosa".

⌒

Uma das lembranças mais antigas da minha mãe, segundo minha irmã Pat, é de estar no carro de Nash. Deve ter sido um passeio agradável, observando o mar batendo nas pedras na costa sul, sem imaginar que as duas pessoas sentadas no banco da frente já tinham planejado outro futuro para ela.

As viagens de carro coincidem com um breve período em que Maud e Nash estiveram separados. Maud está grávida de seis meses de Ken, o segundo filho de Nash. Mas alguma coisa não está certa. Há uma mudança em Nash. Ele está cordato e generoso. Ele paga o aluguel de um chalé para Maud em Seatoun, um bairro perto da praia, na região leste da cidade, e dá uma mesada semanal para ela. Durante esse período de calma, ele constrói uma casa em Rona Bay, do outro lado da baía, em Eastbourne. Nos fins de semana, ele aparece em Seatoun levando presentes – flores, chocolates. Ele está pensando num recomeço, sem Betty. Maud finalmente concorda. Ela já sofreu demais na condição de mulher desgraçada com uma filha ilegítima. Ela sem dúvida está relutante em viver sozinha com duas – e em breve três – crianças sob sua responsabilidade. E já que concordou em sacrificar minha mãe – e a si mesma – por algo maior, ela vai manter sua palavra. Ela vai tentar de novo.

Passam-se vários meses de tranquilidade e ela volta para Harry Nash, desta vez para morar no chalé de Rona Bay, sem a presença provocadora da minha mãe, ou a sombra do pai da criança que era um tormento tão grande para Nash.

Talvez o estrago já estivesse feito. Em Rona Bay, a tristeza de Maud se manifesta de outra maneira. Ela se mostra instável, irracional. É bem provável que esteja sofrendo de depressão. A velha ferida inflama – há uma volta às brigas dos tempos difíceis em Newtown. Talvez seja simples assim: se ela não pode ser uma mãe para Betty, então ela não será uma mãe para os filhos de Nash.

Ela dá um soco na filha de Nash de 12 anos, Marjorie, deixando-a com o olho roxo. A menina é obrigada a ir morar com amigos até voltar para o colégio interno. Ela atira o filho de Nash, William, de encontro a um muro de concreto. Quebra outra janela com uma tigela de mingau depois de Nash anunciar que vai levar Marjorie para morar em outro lugar "por causa da violência dela". Atira um ferro em cima de Nash, que está com um dos bebês no colo; joga uma estante de partitura em cima dele, corre atrás dele para fora da casa com um bastão e assim por diante. No dia do batizado do bebê, atira uma tábua de pão em Nash e atinge uma porta de vidro, quebrando-a. Depois o ataca com uma faca de pão.

Na Páscoa seguinte, na Sexta-Feira Santa de 1919 (nessa altura minha mãe já tinha sido adotada), ela ataca William com um pedaço de pau, mandando o menino para fora de casa. Corre atrás de Nash com um facão. Atira panelas em cima dele. Bate em Marjorie com uma vara de metal. Marjorie fala de uma ocasião em que Maud entrou no quarto dela às duas da manhã e exigiu que ela saísse de casa. Lá fora, depois de ameaçar matá-la, a Nash e aos bebês, Maud teve uma crise e implorou que Marjorie chamasse a polícia. E por aí vai.

Maud nega a maioria das acusações. A respeito do ataque ao menino, ela diz ao tribunal que "ele tropeçou e caiu". E quanto à janela quebrada – aconteceu sem querer, enquanto ela estava "tentando conversar com Nash e de repente a escova de roupa voou sobre o vidro".

E no entanto, reveladoramente, num incidente atrás do outro – em Manley Terrace e em Rona Bay –, quando os vizinhos intervêm, é Maud quem eles resgatam. Também existem muitos sinais de violência que por algum motivo não incomodam o júri. O Dr. Couzens diz ter encontrado

> uma marca na testa de Maud, marcas de chutes em seu joelho esquerdo e manchas roxas em seus braços, pernas

e corpo, como se ela tivesse sido surrada e chutada por alguém. Ela me contou na época que o marido a tinha agredido e era responsável pelo estado em que se encontrava.

Segundo relatos dos vizinhos em Rona Bay, Maud foi encontrada "chorando e tremendo e com a blusa rasgada", e eles viram o Sr. Nash a empurrando e agredindo. Nash tenta fazer com que Maud seja internada, mas, depois de examiná-la, um médico em Rona Bay declara que não há nada de errado com a sanidade dela.

Sem se intimidar com isso, Nash chamou um empreiteiro para ir até sua casa dar uma olhada em sua mulher. Sam Fisher achou que ela devia estar doente ou ter sofrido um acidente. Ele contou ao tribunal que Nash agiu como um maluco, correndo na frente dele e mandando que ele se apressasse. Depois que Nash entrou na casa, aparentemente para arrastar a louca para fora, Maud apareceu na porta com um facão na mão. Ela disse para o empreiteiro: "Olha, Sr. Fisher, foi ele que nos ameaçou com um machado e nos prendeu aqui desde as cinco da manhã." Nash, segundo o Sr. Fisher, não desmentiu Maud, mas continuou a dizer que ela estava maluca. "Ela é uma doida", ele disse. "Ela é doida varrida."

"Eu sou tão lúcida quanto o senhor, Sr. Fisher", respondeu Maud. "Não sou?" Eu disse: "Bem, se você é, então largue essa faca." Ela obedeceu na mesma hora. Então a Sra. Nash se virou para um dos meninos e disse: "Ele passou a manhã toda batendo em nós." O menino disse: "Sim, é verdade." Nash tentou bater nele, mas o menino fugiu. Então o Sr. Downs pulou a cerca e Nash passou o tempo todo repetindo que ela era maluca. Eu disse: "Ah, eu acho que você é que é maluco."

Que alívio voltar às cartas do fazendeiro, que são educadas e generosas.

É claro que elas foram escritas por um homem parado diante de uma janela, totalmente consciente do poder destrutivo da mulher do lado de fora com uma pedra na mão. Além de educadas, as cartas são ainda mais cuidadosas para não causarem ofensa. O.T. escreve para Nash, aliás, Sr. Manley:

...Desculpo-me por me referir à sua esposa pelo nome de batismo, mas acredite-me, foi o tom da carta dela que me fez pensar que ela está passando por uma situação terrível, e eu não quero deixar de lado a parte do dinheiro, mas apenas queria saber o que está realmente acontecendo. Eu gostaria que ela tivesse explicado na carta que me escreveu e eu teria sido poupado do infortúnio de ferir os sentimentos dela ou os seus. Honestamente, eu não quis feri-los de forma alguma, e fiquei muito grato por ela ter escrito. Eu tenho me preocupado muito desde a última vez que a vi, mas, por respeito ao senhor como marido e a ela própria, não escrevi para saber se a criança foi adotada. Por meu pai ter perdido quase tudo que tinha e eu ter dado a ele todo o dinheiro que tinha poupado, é um pouco difícil para mim conseguir a quantidade que gostaria de enviar neste momento, mas se isso for ajudar minimamente a sua esposa, eu enviarei 50 libras na semana que vem e mais 50 antes do final do ano. Não vou me esquecer da criança mais tarde e farei algo por ela quando ela estiver mais velha, caso seja possível. Eu ficaria muito grato se a Sra. Nash respondesse a esta carta, ou apenas mandasse algumas linhas para mostrar que vocês estão

de acordo. Eu ainda tenho muito respeito pela Sra. Nash e sempre farei o possível para ajudá-la, se ela não tiver como se sustentar no futuro. Peço que me informe se está de acordo com esta proposta e eu enviarei o dinheiro na semana que vem, e a segunda parte envio assim que possível, no mais tardar no final do ano. Ao ler a carta da Sra. Nash, eu realmente achei que ela queria dar a criança para adoção e ficarei grato se vocês tiverem tomado as providências necessárias. Peço que me informem qual vai ser o nome e o sobrenome da menina. Prometo que não deixarei de ajudá-la, se puder, dentro de oito ou dez anos. Se puderem responder a esta carta de modo que venha no barco de quinta-feira, por favor respondam diretamente para mim. Finalizando, quero agradecer a ambos, especialmente à Sra. Nash, pela gentileza para comigo. Se houver algo nesta carta que cause sofrimento, posso garantir que não é minha intenção.
Cordialmente,
Owen T. Evans

P.S.: Por favor, não escrevam se não puderem enviar a carta no barco de quinta-feira à noite.
O.T.E.

No tribunal, voltou a ser a palavra de Maud contra a de Harry Nash. Nesse aspecto ela não tem chance nenhuma. Ela é uma mulher desgraçada. Cheira a oportunismo. Não se casou com Nash porque o amava – um ponto negativo –, e se sacrificar para dar um nome à filha não é o mesmo que resgatar das chamas uma santa. A palavra de uma pessoa dessas não pode ter o mesmo peso que a de um homem bem-sucedido, generoso, talvez generoso demais. Seria difícil acreditarem no ciúme doentio que Maud diz que ele tem dentro de si ou no testemunho dela de que ele é um homem "de temperamento muito violento que não consegue se controlar". Não é fácil acreditar que ele cuspiu na comida de Betty e bateu nela muitas vezes, ou que ameaçou expor o pai da menina, nem que as frequentes mudanças de endereço eram devidas ao fato de Nash não querer ficar em lugares onde os vizinhos sabiam da forma como ele a tratava.

Ethel Hargrave, que também era paga para tomar conta das crianças, disse no tribunal que "a Sra. Nash era muito boa e gentil com as crianças. Nós cuidávamos das roupas de Marjorie. Eu nunca a vi ser grosseira. Marjorie era desobediente e não muito confiável".

Mesmo as declarações de outra antiga governanta, a Sra. Ashworth, aparentemente não convenceram:

> Eu tomei conta de Betty o tempo todo em que estive lá e nunca vi criança mais asseada. Ela não dava o menor trabalho. De fato, todo mundo gostava dela. Ela não chegava perto de Nash. Eu costumava imaginar se ele havia sido cruel com ela. Ela era simpática com todo mundo, menos com Nash.

O tribunal se faz de surdo quando Maud é convidada a dar explicações:

> Cerca de dois anos depois do casamento, Nash se tornou tão cruel com a criança, e me deixou tão infeliz e doente que, coagida por Nash, escrevi uma carta ao Sr. Evans pedindo dinheiro para providenciar a adoção da crian-

ça... Eu fiquei com Betty o máximo que pude, mas acabei tendo que dá-la para adoção porque não havia mais o que fazer... Cerca de um mês depois, eu voltei de Seatoun para onde tinha levado Betty para ser adotada por uns amigos, e não queria que ele soubesse onde ela estava. Ele voltou de Auckland (onde foi a trabalho) e incitou Willie a me chutar. Eu mandei Marjorie chamar a polícia. O depoimento de Marjorie não é verdadeiro. Ele foi tão violento comigo que Marjorie concordou em ir, e como sempre a culpa recaiu sobre mim. Eram alusões ao pai de Betty. Nash dizia às pessoas que eu era louca. Nash odiava a mim e a Betty. Eu não a vi mais desde o dia que ela foi adotada e nem ouvi falar dos pais adotivos dela.

E aqui está a parte que eu desejei que minha mãe pudesse ter lido ou ouvido: "Eu só fiz isso como último recurso, porque amava a menina... e queria ficar com ela, dar um nome a ela e educá-la como uma pessoa da família de Nash, como ele tinha me prometido antes do casamento."

Betty Seaward passa a ser Joyce Lillian Fairley. Ela vai morar em Island Bay e, mais tarde, em Petone, onde James Fairley tem uma livraria e papelaria. O Sr. Fairley, que meus irmãos cresceram chamando de Vovô, era, segundo soube, um homem bom e gentil. O registro eleitoral de 1918 o descreve como sendo "tripulante de torpedeiro", morando na base naval de Shelley Bay com sua mulher, Edith. Minha irmã Pat disse que ele levou o próprio cavalo para a Guerra dos Bôeres e que quando voltou passou a entregar leite em Island Bay numa carroça puxada a cavalo. Ela lembra que a mulher dele, Nana, tinha seios enormes e usava um vestido que parecia uma cortina. Ela gostava de jogar croqué. Eu imagino que eles tivessem uma vida movimentada, mas esses são os fragmentos que sobreviveram. Eu só conheci do Sr. Fairley o que estava dentro daquela caixa de madeira contendo o passado e que minha mãe dizia que era difícil de abrir.

Pelo que entendi, ele não sabia nada do que acontecia em casa enquanto estava na livraria, que minha mãe era amarrada numa cadeira e maltratada por não ser o que a esposa do livreiro queria mais que tudo, um substituto para seus filhos mortos.

Em outubro de 1917, os Fairley perdem a filha, Isabella Margaret, e em abril do ano seguinte o filho de 7 anos, John Fergus "Jackie". Naquele mesmo ano, os Fairley adotam Mamãe, e dão a ela o nome de Joyce Lillian.

Ela jamais gostou daquele nome do meio, Lillian. Dava sempre um sorriso debochado quando era obrigada a fornecê-lo em formulários oficiais. Mas Mamãe assumiu as características esperadas de alguém chamada Joyce. Ela usava vestidos que Joyce usaria – vestidos sem graça –, mas depois que a sorte mudou, ela passou a usar vestidos mais elegantes, e Joyce, a sacoleira, foi desbancada por Joyce, a mulher elegante.

⁓

A casa para onde Mamãe foi mandada é um velho chalé rústico de madeira. A Eden Street fica a um quilômetro de Island Bay, na extremidade do estreito de Cook. Eu encontrei a casa dos Fairley numa fileira de casas de madeira abaixo do cume de uma montanha voltada para o leste, numa tarde de dezembro em que a neblina vinda do estreito tinha fechado o aeroporto e se concentrava sobre as montanhas. Alguém estava martelando ao longe. De vez em quando um carro gemendo subia a parte íngreme da Eden Street, vindo do lado do mar.

Oito casas depois da casa dos Fairley, a rua desaparece ladeira abaixo. Depois do vizinho mais próximo na outra direção, a estrada some. É uma paisagem estranha, uma grande arena a céu aberto com pedaços de cumes e encostas que parecem estar suspensos e separados uns dos outros.

Quando minha mãe chegou lá, Eden Street era a fronteira externa da suburbanização que tinha subido o morro, vinda da Parade. Gado pastava nas encostas dos morros desmatados ao longo do vale.

Eu teria gostado de visitar a casa. Não tenho vergonha de bater na porta de estranhos, então subi os degraus. Mas pela janela da frente vi uma mulher na cama, lendo um livro, então voltei silenciosamente para a rua.

O melhor que pude fazer foi avaliar o número 88 da Eden Street em relação a tudo que havia em volta. Notei os aspectos que poderiam ter despertado lembranças caso minha mãe estivesse ali do meu lado – a varanda projetada para fora da casa do outro lado da rua, diversos outros chalés rústicos da mesma época, uma bela casa antiga que ficava numa saliência da montanha ao sul, uma árvore muito velha e muito sólida que balançava de leve ao vento que soprava montanha acima onde a estrada desaparecia de vista, e os altos e baixos de uma paisagem que nunca era a mesma.

Desci a ladeira íngreme da Eden Street, observando a quantidade de placas que diziam "Sem Saída" e, rapidamente, cheguei na Parade, na parte plana, onde havia várias lojas de madeira de dois andares. Do outro lado da Parade, vi uma rua de pedestres passando por trás das casas. Assim que comecei a percorrê-la, percebi que estava seguindo o caminho que minha mãe fazia até a Island Bay School. A rua saía ao lado de uma casa grande de madeira, possivelmente uma pensão na época de Mamãe. Na Clyde Street, olhei para a escola do outro lado da rua, onde um pai, vestido como um colegial grande demais, e seu filho pequeno andavam de bicicleta no pátio de concreto. Atravessei a rua para ler a declaração da missão da escola que estava fixada na cerca:

> Somos uma comunidade de ensino que educa as crianças para serem:
> Ótimas comunicadoras
> Profundas pensadoras
> Excelentes gerenciadoras de si mesmas
> E confiantes a respeito do futuro.

A palavra "confiantes" estava escrita dentro de uma estrela. Estes são valores importantes. Mas quando penso neles como estrelas alinhadas no mundo da minha mãe em 1918, eles começam a perder o brilho. A plataforma que a lançou no mundo foi completamente diferente.

~

O filho bastardo é o padrinho do desajustado. *Filius nullius.* Um Ninguém.

Um filho ilegítimo está livre das amarras normais, mas tem que pagar um preço por essa liberdade – o filho ilegítimo só ocupa limiares. No Velho Testamento, o filho ilegítimo é um pária maior ainda: "Ele não entrará na congregação do Senhor, e nem sua descendência por dez gerações." No Velho Testamento, a preocupação é menos moral e mais uma ansiedade relativa ao enfraquecimento do elo tribal. Um filho ilegítimo no contexto do Velho Testamento era o fruto de um casamento entre um israelita e um não israelita.

Em *Rei Lear*, Edmund explica seu afastamento da sociedade com base num "nascimento irregular":

Por que bastardo? E por isso inferior?
Se as minhas dimensões são tão proporcionais,
a minha alma tão nobre, e minha forma tão real,
quanto às de um herdeiro de uma dama honesta?
Por que nos marcam com o estigma de inferior?
De inferioridade? Bastardos? Inferiores, inferiores?

⌒

Depois que eu li a história de Hawthorne sobre a humilhação de Hester Prynne e a transcrição do divórcio de Maud na Suprema Corte, senti o mundo se fechando ao meu redor. É isso que uma consciência maior do passado provoca. Ela encontra um lugar para tudo. Eventos aleatórios – "atos de Deus" – passam a ser padrão e inevitabilidade.

É claro que o terremoto ocorreu quando e onde ocorreu, e à primeira vista o azar pareceria aleatório, a menos, é claro, que soubéssemos da existência dos velhos mapas da cidade indicando velhos canais subterrâneos, e é claro que eu nasceria num mundo de silêncio, porque é isso precisamente o que os humilhados impõem à sua descendência – um esquecimento voluntário.

A civilização ilegítima sobe no seu próprio conceito "vencendo na vida por esforço próprio". Isso é tão excepcional quanto uma planta no deserto – iluminada e presente e desviando-se de todas as perguntas a respeito de seu surgimento ali, aparentemente se autorreproduzindo e se autoalimentando porque não há outra pista do que a fez brotar.

⌒

Na Eden Street, 88, a bastarda é entregue a um novo casal. Tem uma nova Mamãe. Tem um novo Sr. Nash. Este se chama Sr. Fairley. Tem uma nova casa, um novo quarto. As janelas mostram uma paisagem diferente. Ela vai fazer 5 anos e já possui um sentimento cada vez maior de uma vida vivida e abandonada.

O concreto ainda não foi assentado, e quando o noroeste sopra, voa terra das ruas. O mundo é delicado, leve. Vejam como muda facilmente de um lugar para outro. As ruas que saem da Parade têm nomes de rios – Derwent, Clyde, Thames, Liffey, Humber. Ecos de lugares distantes. Ecos de saudade.

A memória, do seu jeito espontâneo, vai trazer de volta a vida que ela conheceu sob o teto de Nash – de vozes subindo pelas escadas em Manley Terrace, o som de alguém sendo atirado contra a parede, os gritos e protestos de Maud. Talvez um pensamento banal – repolhos, o desejo de comer um doce, digamos um sorvete –, depois o vento no telhado afugentando o pensamento, e no espaço vazio ela ouve os ecos do próprio nome. E se pergunta como um nome pode soar tão sujo e batido. As discretas indagações dos vizinhos na porta da frente. A voz mais direta do policial. Houve aquele período em Maungahuia, Wairarapa, onde o vento assobiava nas colinas e a roupa lavada voava do varal, e havia o cheiro de terra fresca. Talvez ela já tivesse idade suficiente para avaliar que sua mãe não era deste mundo.

É claro que não há documentos que registram o momento da separação entre mãe e filha.

Mas quando ocorreu o terremoto no dia 22 de fevereiro de 2011, os habitantes da cidade procuravam-se mútua e diretamente a todo momento. O tempo parou e foi colocado no Facebook e no YouTube. A terra tremeu, e isso foi registrado por câmeras de circuito fechado, por celulares chacoalhando em mãos trêmulas e também por mentes mais calmas, que ergueram tranquilamente seus telefones para registrar o momento de destruição.

Não existe filmagem dos eventos que mudaram dramaticamente o mundo da minha mãe, nem registro do que Maud disse a ela naquela última manhã. Talvez tenha passado pela cabeça de Maud que aquela era a última vez que ela e a filha acordariam sob o mesmo teto. Que era a última vez que ela iria lavar o rosto da menina e amarrar seus sapatos, ou colocá-la sentada à mesa para comer.

Eu me lembro de levar o cachorro velho e cego ao veterinário para ser sacrificado. Ele ficou deitado na mesa do veterinário, com o rabo caído, um olho confiante virado para mim, o focinho entre as patas. E há um outro momento também – no dia em que minha mãe morreu. Ela está sentada numa poltrona em casa, frágil, e de vez em quando ela se encolhe de dor no estômago, mas consegue sorrir gentilmente para a mulher do hospital. E bem baixinho, então é possível que minha mãe não tenha ouvido, a mulher diz: "Acho que vamos dar mais um dia a ela." Mamãe pareceu interessada, como sempre querendo ser educada. Só que ela teve outro "episódio" naquela tarde. À noite, ela começou a tomar morfina na veia, de onde eu soube que não há retorno. Seu olhar infantil de confiança me persegue, assim como o do cachorro, e portanto, agora, é fácil imaginar o sentimento terrível de traição que Maud deve ter sentido ao servir o café da manhã da filha, e mais tarde, talvez, ao escovar o cabelo dela, e ao molhar a ponta do dedo para tirar uma migalha do seu rosto.

As pessoas em Christchurch comentavam que o terremoto de 22 de fevereiro aconteceu num dia comum, rotineiro.

Então, horas, dias e meses depois que a terra tremeu, a mente insistia em voltar no tempo para procurar por um sinal. Talvez pequenos avisos que minha mãe não percebeu na hora foram lembrados mais tarde. Talvez Maud tenha feito uma mala com as coisas dela. Então é razoável que minha mãe tenha achado que ia para algum lugar. E então, aos poucos, a nova realidade se torna clara. Ela vai para algum lugar. Ela vai para a casa dos Fairley. E lá estão eles, parados na porta, sorrindo de cima. Um era alto, a outra, toda arrumada. O hall também é estranho – um grau diferente de ar e luz do que ela está acostumada. Ela entra na casa atrás de Maud, talvez vá para um quarto onde a mandam brincar. O tempo passa. Ela imagina onde estará todo mundo. Ela volta para o hall. Há vozes vindo de uma das salas. Ela vai até lá. Abre a porta, os Fairley olham para ela e sorriem lentamente. Sua mãe foi embora.

No zoológico em Newtown, ela talvez note aqueles animais que parecem ler nossos pensamentos e compartilhar nossos instintos. A cacatua de penas brancas, por exemplo, com seus olhos cor-de-rosa sempre em movimento. Há outros animais que parecem deprimidos ou saudosos de casa. O babuíno se pendura num galho e com uma graça desconcertante vai para um canto que lembre a floresta. Os leões sofrem com saudades de casa. Eles são um lembrete de tudo o que está em desacordo ou fora de lugar.

Da varanda da frente da Eden Street, 88, a longa vista é quebrada por colinas e vales. As nuvens que se movem rapidamente pelo céu sugerem mudança, talvez algum rearranjo da poeira na porta onde sua mãe irá aparecer.

Ela é filha de alguém. É difícil dizer de quem. Ela era filha de Maud, mas agora tem outra mulher que age como se fosse sua mãe: ela a veste, alimenta, mas depois olha para a menina como se ela devesse ser outra pessoa, e fica decepcionada ao descobrir que ela não é aquela pessoa. Então minha mãe precisa encontrar um jeito de viver com o fracasso em ser o que a Sra. Fairley deseja que ela seja, e também com o fracasso do que era na casa dos Nash.

Maud alguma vez visitou a filha? Maud contou no tribunal que não via Betty desde que a tinha entregado aos Fairley, quatro anos antes.

Numa carta para O.T., Maud menciona ter tratado da adoção "por meio de amigos". Ela não diz que os amigos estão adotando minha mãe. Ela pode ter sido vaga de propósito, para evitar que Nash descobrisse o paradeiro de Betty. Mas por que ele iria se interessar em saber disso? Ele não ficaria aliviado em se livrar da criança que considerava uma maldição em sua vida, uma prova da mentira de Maud, e de um passado do qual ele nunca teve certeza?

Se os Fairley eram amigos, será que deixaram de ser no momento em que adotaram minha mãe? Se esta amizade tivesse se mantido, imagino que minha mãe teria se lembrado das emoções conflitantes nas ocasionais visitas de sua mãe.

Enquanto houver memória, uma vida nunca se perde inteiramente. Ela continua – um arranhão no teto, um canto rasgado do papel de parede, um sussurro, um riso, um toque, a primeira lambida em algo delicioso, um passeio de carro. E outros momentos enigmáticos que não fazem sentido em si mesmos. O Sr. Nash, que costumava abraçá-la e outras vezes xingá-la, e cuspir na sua comida, e gritar com sua mãe, gritar com as duas quando andavam na rua, o que fazia alguns pararem para olhar, enquanto outros passavam como se não tivessem ouvido nada. E os silêncios que pareciam significar alguma coisa, mas que ela não sabe dizer o quê. O silêncio dentro do carro, enquanto eles percorriam a ponta do estreito.

Sua mãe na frente. O Sr. Nash fitando a estrada. Eles estavam a caminho de algum lugar, mas esse lugar tinha fugido de sua memória. Por que a mente produz esses momentos? Onde está o Sr. Nash? Será que ele irá buscá-la de carro? Talvez ela pinte quadros – para reconstruir o mundo que perdeu. Ela pinta um barco, instala a mãe como comandante. O barco está no mar. Ela pinta a si mesma na praia. Sua mãe não consegue vê-la, e parece impossível que o barco algum dia possa chegar na praia, onde ela está em pé, acenando. Será que sua mãe a perdeu? Ou está ocupada, presa, *preocupada* com os dois meninos? Essas são palavras que ela vai aprender a soletrar na Island Bay School. Ela está entrando na complexidade da linguagem que irá ajudá-la a organizar o mundo e compreendê-lo. Leem para ela. Ela lê. Ela imagina onde está sua mãe. Por que está demorando tanto? Ela fica sabendo que a mãe está na Inglaterra, e descobre que esse lugar fica do outro lado do mundo. Ela pega uma moeda. De um lado está o Rei da Inglaterra. Do outro, um tuim. Ela aperta os dois na palma da mão. (Em 1960, minha mãe ainda se referia à Inglaterra, onde ela nunca tinha estado, como sendo sua "casa".)

Talvez ela sinta afinidade com as colinas devastadas – o que um dia as cobriu também se foi. As velhas árvores foram substituídas. O vento chega às raias da histeria. As pessoas continuam a sorrir. Elas são encorajadas a isso.

Ela está acordada. O dia está nascendo. Está na hora de se levantar, de se lavar, de tomar café, de escovar os dentes, de ir para a escola. Há coisas para fazer, aulas para assistir. Informações enigmáticas para guardar. As árvores choram – um fato pouco conhecido. E os fazendeiros, com um olhar nada sentimental, cortam a garganta de ovelhas infestadas de larvas de mosca-varejeira. Ela vai aprender que uma faia se sente mais feliz na companhia de outras faias.

Consolo.

Deprimido com a partida de um bom amigo, Plínio, o Jovem, escreve para seu correspondente que se mostrou solidário: "Diga alguma coisa que eu nunca li a respeito antes, ou então silencie."

Curas para melancolia um dia incluíram compotas de rosas, violetas, comprimidos de laranja, conservas. "Aromatizantes", como água de rosas, bálsamo, vinagre, "são muito bons para recuperar a mente e o espírito."

Quando adulta, Mamãe praguejava diante da sua colher de sopa diária de óleo de fígado de bacalhau. Ela também gostava de ler sobre outras vidas, biografias.

Hawthorne introduziu um W ao seu nome para distanciar-se de um antepassado puritano, Hathorne, que tinha sido juiz nos julgamentos das bruxas de Salém. Uma ligeira alteração no nome pode ter conseguido distanciá-lo, mas as pesquisas de um escritor conseguem identificar suas origens.

Sêneca disse que Simon mudou seu nome para Simônides e pôs fogo na casa em que nasceu para que ninguém pudesse apontar para ela.

Ao ler, Mamãe talvez tenha encontrado consolo nas fábulas. Esopo, por exemplo, repreendendo a raposa e suas companheiras que estão reclamando da falta de rabos – "vocês reclamam da falta de brinquedos, mas eu sou inteiramente cego, calem a boca; eu digo a vocês, fiquem satisfeitas".

E "Diz-se das lebres, que, sentindo-se infelizes, combinaram de se afogar, mas, quando viram um grupo de sapos mais medrosos do que elas, começaram a sentir de novo coragem e alívio".

Ela amava o mar, encontrava conforto em seus humores e inconstância, em sua capacidade de refletir e absorver. Quando jovem, ela nadava entre as balsas ancoradas em Petone Beach. Ela nadava seguindo a rua costeira e diversas ruas que subiam pelo vale e que tinham sido batizadas em homenagem aos navios – *Aurora*, *Cuba*, *Tory*, *Oriental* – que deixaram os primeiros colonos nesta mesma praia. Ela nadava sobre ancoradouros fantasmas. Ia e voltava, dizia meu pai. Ele garantia que ela era uma boa nadadora. Anos depois, quando eu estava começando a andar, ela me levava a essa mesma praia para brincar no raso, mesmo quando a maré estava vermelha por causa da descarga em Ngauranga e do matadouro na ponta da praia. Mas eu nunca a vi nadar.

A tragédia de Krapp é que ele está amarrado à sua vida. Confinado em fitas, às repetições intermináveis e às explosões de raiva. A estratégia de Maud foi esquecer, e para ajudar no processo ela buscou uma solução prática. Em 1919, alguns meses depois de ter desistido da minha mãe, Maud procurou um advogado para dar entrada nos procedimentos de separação. Nash a dissuadiu da ideia e a convenceu a passar um tempo "com sua gente" em seu país.

Maud voltou à Inglaterra em 1920. Dois anos depois, ela viaja de volta para a Nova Zelândia como se estivesse indo pela primeira vez. Ela revive uma viagem anterior, igual como era para minha irmã Lorraine sair de casa depois de uma crise de epilepsia, ou como era para a basílica da Barbadoes Street, com demolição seguida de reconstrução. Assim, com a travessia de oceanos e o passar do tempo, tudo poderia ser rejuntado e ficaria novo em folha outra vez. E ao voltar, Maud irá aprender a morar dentro de si mesma.

Mas não exatamente agora. Ela ainda precisa resolver a questão do seu casamento com Nash.

Eles tinham se correspondido durante os dois anos que Maud esteve fora. Harry Nash mandava uma carta em cada navio que partia. As cartas de Maud chegavam regularmente. "Algumas das cartas de Maud eram simpáticas", observou Nash, mas "algumas eram muito desagradáveis". Na única carta que restou, Maud chama Nash de mentiroso e o acusa de não ter cumprido a promessa de sustentar a ela e aos filhos enquanto eles estivessem na Inglaterra. Depois que Nash não demonstra nenhuma vontade de pagar por sua passagem de volta, Maud vai até o Alto-Comissariado da Nova Zelândia em Londres para exigir que o governo tome alguma providência em relação aos seus problemas domésticos. Furiosa, ela ameaça Nash de contar aos seus parceiros de negócios na Inglaterra a respeito do "tratamento vergonhoso" que ele dá a ela.

Na Inglaterra, ela mora na casa em Taunton, onde anos depois eu iria visitar Mavis. Carne e frutas, ela reclama, têm preços exorbitantes, entretanto ela frequenta o teatro em Londres e compra roupas extravagantes.

Para comprar a passagem de volta para a Nova Zelândia, ela pede dinheiro emprestado ao irmão, Bert. Depois que a partida deles é adiada quinze dias devido a uma colisão no Canal, Maud e os meninos são generosamente recompensados com um *upgrade* para a primeira classe. Seis semanas mais tarde, ela passa pelos promontórios castigados pelo tempo do porto de Wellington.

As coisas já não começam bem quando Nash chega atrasado ao porto para receber Maud e os meninos que viajaram no SS *Paparoa*. O primeiro ato conciliatório de Harry foi levar Maud e os filhos à loja de departamentos Kirkaldie & Stains para tomar um chá matinal. Segundo Nash, em pouco tempo Maud está implicando com ele. No dia seguinte, eles fazem planos para ir a uma corrida. Eles discutem por alguma bobagem. Depois de três dias morando juntos, Nash sai de casa. Houve outro incidente. Na ausência de Maud, Nash contratou uma governanta, uma Srta. Andrews. Eu me pergunto se Maud desconfiou da possibilidade de um namoro entre a governanta e Nash. Se for verdade, isso tem uma certa justiça poética. Se não for verdade, então não há explicação aceitável para o que se segue.

Sr. Nash: "A Sra. Nash e eu tínhamos concordado em ir à corrida com um grupo de amigos. A Srta. Andrews desceu para ajudar e a Sra. Nash correu atrás dela escada acima e a prendeu na cama..."

Srta. Andrews: "A Sra. Nash correu atrás de mim até o andar de cima, entrou no meu quarto e tentou me enforcar por trás. E como eu não consegui me soltar, gritei pelo Sr. Nash, e quando ele me soltou, fui embora sem nem fazer as malas."

E Nash entra com o pedido de separação.

⌒

O juiz orienta o júri, composto só de homens, a considerar um dos dois culpado de crueldade para com o outro. Se o júri considerar que tanto Nash quanto Maud são culpados de crueldade, então ele não irá conceder a separação.

O júri delibera a favor de Nash.

Maud apela da decisão alegando que o juiz influenciou o júri injustamente, mas também para limpar seu nome de todas as difamações que Nash disse no tribunal.

Nash inicia uma ação judicial contra um dos vizinhos de Newtown, Harry Cobb, depois que ele foi visto comunicando-se com diversos jurados de uma forma que Nash considerou prejudicial ao seu caso.

Todos os seis juízes da Suprema Corte votaram contra a apelação de Maud. O juiz Stout é especialmente duro:

> Há provas que levem o júri a concluir que ela foi culpada de crueldade para com o marido? Na minha opinião, as provas são abundantes. Eu vou mais além e digo que se o júri a tivesse considerado inocente, esse veredicto teria ignorado o peso das provas e teria sido um veredicto perverso.

Maud nunca chegou à porta ou apareceu na janela de sua casa para observar aquele carro misterioso estacionado na rua.

Maud nunca mais irá se casar ou, até onde eu sei, ter outro relacionamento. Ela irá criar os dois filhos sozinha. Ela começa um negócio de roupas femininas, que é um grande desafio.

Misteriosamente, quando Mamãe está com 12 ou 13 anos, ela é tirado dos Fairley e devolvida a Maud para morar no prédio da High Street onde, anos depois, iríamos comprar meus uniformes escolares.

Por quê? Se Mamãe sabia, ela nunca explicou. Isto permanece um mistério. Igualmente intrigante é o fato dos Fairley terem concordado.

É possível que minha mãe estivesse dando trabalho. Ela contou às minhas irmãs que depois que foi morar com Maud, Eric e Ken numa casa em The Terrace, na cidade, ela estava sempre pulando janelas à noite e se metendo em encrenca. Que tipo de encrenca? Isso nunca foi dito. Mamãe contou histórias diferentes para cada filho.

Eu soube por Bárbara que Maud desaprovava os modos de Mamãe à mesa – dizia que ela comia "como um animal". Eu me pergunto se a reprovação de Maud esconde uma verdade mais dolorosa. A menininha que ela tinha amado e dado para adoção para garantir a ela um lar amoroso se transformou em alguém menos gostável do que a criança de quem se lembrava.

Numa tentativa de escapar do passado, Hester abre o fecho que prende a letra A escarlate em volta do seu pescoço e a atira no chão. Ela se livra assim do peso da vergonha e da angústia. Sentindo-se libertada, ela solta os cabelos, sua boca se suaviza e seus olhos recuperam o antigo brilho. "Seu sexo, sua juventude e toda a abundância de sua beleza retornam do que os homens chamam de passado irrevogável."

Só que, perversa e cruelmente, em seu novo estado de liberação, ela não é mais reconhecida por sua filhinha. Ela se transformou em outra pessoa. Para Pearl, a imagem do amor maternal é sobrecarregada e estigmatizada, e então, ao perceber o triste fato, Hester não tem outra escolha a não ser recolher do chão e tornar a colocar no pescoço a letra escarlate.

Talvez minha mãe e Maud tivessem se afastado demais e não conseguissem mais reconhecer uma à outra. A união é outra vez desfeita e Mamãe é rejeitada pela segunda vez e nunca mais é convidada a voltar a conviver com Maud.

Os dois filhos de Maud lutam na Segunda Guerra Mundial. Ken é oficial da Marinha. Eric volta da desastrosa campanha em Creta com lembranças das quais não fala (e, nas poucas ocasiões em que nos encontramos, quase no final da vida dele, sempre que eu tentava levar a conversa nessa direção ele percebia, dava um sorriso evasivo e pegava seu copo de gim). Ele é fazendeiro na inóspita região central de King Country, em North Island, que foi invadida e desmatada de novo, com suas encostas nuas e pontilhadas de ovelhas.

Como Maud era uma visita regular, eu me pergunto se os cheiros da fazenda traziam de volta lembranças de Taruna, e de Owen T. Evans, e da filha que eles tiveram. Será que ela alguma vez pensou nesses espaços vazios em sua vida – e refletiu sobre o que tinha perdido? Ou ela tinha absorvido a capacidade de esquecer?

Para olhar para frente, é preciso esquecer. As regras do progresso estão escritas na paisagem.

⌒

Nos anos 1960, quando tinha uns vinte e poucos anos, minha irmã Pat bateu na porta da casa de Maud. Na época, Pat trabalhava no departamento de pesquisa de mercado da fábrica de tabaco Wills, em Petone. Ela estava encarregada de um grupo que fazia uma pesquisa de porta em porta, e quando o nome de Maud apareceu na lista de endereços, minha irmã resolveu que ela mesma iria.

Ela bateu na porta e esperou. Tornou a bater. Ela já ia desistir quando uma mulher de uns 70 anos apareceu num dos lados da casa. Ela estava cuidando das plantas no quintal dos fundos. Ao ver a jovem pesquisadora na varanda, Maud a convidou para entrar. Ela fez uma xícara de chá para minha irmã e a fez sentar-se à mesa da cozinha.

Pat verificou que Maud era uma senhora inglesa educada e comedida com as palavras. Maud mostrou a Pat com orgulho retratos dos seus filhos e netos. Depois ela se sentou, pôs os óculos e respondeu as perguntas da fábrica de tabaco sem saber que na frente dela estava sentada a sua neta.

A última vez que Maud viu minha mãe foi quando disse a ela para nunca mais aparecer. Mas Mamãe permaneceu até o fim na órbita de Maud.

Em 1977, Mamãe e minha irmã Bárbara seguiram os carros que saíram do funeral de Maud até uma casa em Waikanae, na costa Kapiti. Elas estacionaram na rua, e ficaram ali sentadas por algum tempo. Mamãe, como sempre, estava indecisa e cheia de velhos medos. Por insistência de Bárbara e estimulada por ela, Mamãe acabou saindo do carro, atravessando a rua e batendo na porta.

Ken Nash a reconheceu imediatamente. Cinquenta anos tinham se passado desde que ele a vira pela última vez. Ele a convidou para entrar, mas permaneceu formal e distante. Felizmente, Eric foi mais acolhedor. Ele parecia saber o que Mamãe estava buscando, e com grande generosidade ele deu isso a ela. Eric a convidou para passar um tempo com ele e sua esposa, Bárbara, em Warkworth, ao norte de Auckland. Depois de ficarem metade da vida separados, irmã e irmão retomaram o relacionamento. Mamãe dirigia até Warkworth ou então Eric e Bárbara desciam a ilha para ficar com Mamãe. Eu me lembro deles sentados no sofá, de mãos dadas, e, sempre que a bonita, carinhosa e abstêmia esposa de Eric virava as costas, eles completavam o copo de gim um do outro.

No final da vida, quando nenhum dos dois podia mais viajar, a comunicação ficou difícil. Eric sofria de enfisema e não podia respirar sem a ajuda de um tanque de oxigênio. Uma série de derrames tinha privado Mamãe da fala. Numa ocasião, minha irmã Pat ficou em pé na cozinha, passando mensagens pelo telefone. Ela teve que inventar grande parte delas. Eric morreu alguns meses depois de Mamãe.

⌒

Olhei para dentro da vitrine do cabeleireiro um dia e a vi, de olhos arregalados debaixo de um secador, como alguém recebendo tratamento de choque. Meu pai costumava dizer que eu ia levar minha mãe à loucura se continuasse a me comportar daquele jeito. Eu não lembro o que fiz para aborrecê-la. Esta recordação não tem realmente um papel a desempenhar. Mas continua a existir, como uma carta caída de um baralho, representativa de outros momentos semelhantes que não vão dar em nada. Desta maneira a vida vai se descamando. Ela deixa pele nos móveis, cabelo no travesseiro. Uma vida se reduz a uns poucos papéis de figurante nas recordações de outras pessoas. E embora alguns rostos possam desaparecer, outros permanecem grudados para sempre como um retrato a óleo dominador olhando furioso das paredes.

Outro dia eu vi uma mulher de uns cinquenta e poucos anos se levantar da mesa de um café e abraçar uma mulher mais jovem que parecia ser sua filha. Maud nunca soube o lugar que ocupava na vida de Mamãe.

Ela pode ter cogitado quebrar o gelo, talvez dizer algo gentil. Oferecer uma xícara de chá, em vez de mandar a jovem mãe embora.

Eu tinha 13 anos quando a Apollo 8 forneceu uma visão mais ampla de onde nós vivíamos. Foi uma lição de humildade contemplar o azul do nosso mundo como nunca tinha sido visto e compreender a extrema presunção de nossos atos e devoções, bem como de nossos medos, da morte e da vergonha.

# SEIS

No PRIMEIRO DIA DE VERÃO de verdade, peguei um avião para Christchurch, aluguei um carro no aeroporto e fui até a cidade. Estacionei na sombra das árvores sobre o Avon, depois atravessei a rua para a Ponte da Lembrança e, por hábito, parei onde tinha parado no inverno, entre os dois leões imperiais, embaixo das inscrições de velhas batalhas lutadas em Messina, na Palestina e na Mesopotâmia.

Eu mal reconheci a Cashel Street das ruínas da minha última visita. As barreiras tinham sido derrubadas, mas eu não me mexi da velha posição. Pássaros urbanos saltitavam sobre um terreno vazio onde em junho havia um prédio que eu tinha visto ser demolido pelo braço pesado de um guindaste. Uma mesa e uma cadeira de escritório tinham rolado na direção da outra num abraço louco e cômico antes do piso onde as duas estavam desabar na rua, numa nuvem de poeira.

O material de isolamento cor-de-rosa do prédio saltava aos olhos como o riso falso do cachorro morto na Stellin Street tantos anos antes.

Eu me lembrei do que os outros tinham dito sobre o barulho tremendo de vidro explodindo na rua horas depois do terremoto. Pensei nas jovens mães que tinha visto com seus carrinhos de bebê numa rua perto da Eureka, enchendo garrafas de água de uma enorme pipa parada do outro lado da rua. E nos depósitos de dejetos humanos de um verde brilhante e nos banheiros portáteis que surgiram em toda parte, e nas frases novas que as pessoas inventam em momentos de maior necessidade – "Afastem-se das árvores!" – enquanto uma rua se enrolava como um tapete. "É como viver com uma megera tirânica", disse alguém. Estava se referindo ao terremoto ou à paisagem impiedosa? E a árvore que permaneceu de pé nos arredores da devastação, inteiramente impassível. Assim como o céu imprestável. Sofrimento. Não há como saber quando e onde ele vai atacar. Quando meu casamento terminou, fiquei perplexo ao descobrir, depois de anos de uma construção consciente, o quanto minha vida parecia esburacada de repente. Pensei nos pequenos grupos de pessoas atônitas que eu tinha visto naquele inverno, reunidas em canteiros de obras – com o silêncio estampado em seus rostos – num momento em que ainda se falava em reconstruir a cidade e ninguém ousava dizer o contrário com medo de ser execrado.

 Eu me lembro dos gritos de resistência, e dos esforços para levantar o moral dos anjos voluntários que andavam à noite pelas ruas pintando mensagens de esperança em cercas e paredes de prédios. O sentimentalismo, como as ervas daninhas, é sempre o primeiro a florescer. Mas não havia volta possível. Na época, minha mulher me disse para não ser precipitado. O que era o mesmo que me pedir para não ser eu mesmo. Estávamos sentados no carro na Jackson Street, Petone. O mundo se movia em câmera lenta. As pessoas apareciam e desapareciam e passavam como peixes num aquário. Nós enchemos o carro com nosso silêncio. Um dos choques contínuos é ser avisado diariamente de que o que antes estava sempre conosco não está mais. Eu pensei na estudante japonesa debaixo dos escombros estrangeiros. A bateria do celular dela acabando enquanto ela escolhia as últimas palavras para dizer a seus entes queridos em Tóquio. Quando eu era criança, gostava de enfiar o dedo no espaço entre meus dentes da frente. Na primeira manhã que acordei sozinho na fábrica de sapatos, bati na cama ao meu lado – só para ter certeza. Foi realmente chocante. Um choque – seguido de uma sensação de calma, mas só depois. O dedo procurou a falha entre os dentes. Eu me lembro de ter me acomodado de novo no meu lado da cama com uma expressão plácida, espantado com a súbita inutilidade da expressão "no meu lado". Prédios inteiros – agora desaparecidos. Imaginem isso. E durante vários dias, quando só havia o eco de mim mesmo no novo lugar, andei na ponta dos pés como um ladrão.

Foi revigorante deixar a ponte. Foi como recuperar a liberdade de movimento ao retirar o gesso de uma perna. Uma leveza ensolarada estendia-se até a Cashel Street com suas lojas coloridas feitas de contêineres de navio que foram agrupados ao redor da antiga loja de departamentos Ballantynes.

A maioria de nós fingia que estava comprando, enfiando nossos narizes no salão de exposição, o que explica eu ter comprado um pãozinho com salsicha que eu não estava com a menor vontade de comer num estande de comida alemã.

Enquanto a mulher tostava a salsicha no grill, nós conversamos sobre o terremoto. Ela e o marido, um professor de ginástica, eram da Hungria. Eles tinham chegado pouco antes do terremoto de setembro de 2010. Eu disse algo sobre momento errado, mas ela respondeu depressa que eles gostavam muito dali. A cidade devastada era agora o lar deles, e apesar de tudo eles tinha achado uma maneira de acomodar o desastre em suas vidas.

Peguei o carro, dirigi de volta para o aeroporto e prossegui para o norte, passando pelos tocos de árvores na beira da estrada, brutalmente cortadas, quase rente ao chão. Castigadas pelo sol e expostas a intempéries, elas continuavam a se lançar na direção do céu, presas por raízes que se comportavam da única maneira que sabiam.

Eu estava indo explorar o mundo de O. T., Owen Tibbot Evans.

Tenho uma fotografia de uma plantação de trigo. Poderia ser na Rússia ou no sul da Inglaterra. De fato, a foto foi tirada por um fotógrafo do Departamento de Turismo da Nova Zelândia em 1917. Medas de trigo cercam uma carroça puxada a cavalo onde está sentado um homem de chapéu e terno escuro. Com um zoom eu consigo enxergar o branco do seu colarinho, mas aí o rosto do pai da minha mãe, o fazendeiro de North Canterbury, sai inteiramente de foco.

Sou seu descendente, ou melhor dizendo, conforme passei a me considerar, sou um descendente de um momento de luxúria e extrema solidão.

Não há razão para acreditar que os outros descendentes do fazendeiro saibam a respeito da minha mãe. Ou se irão gostar da informação que eu trago. Eles têm sua própria história para considerar, seus próprios mitos familiares para respeitar. Havia aquela placa que eu vi em Bexley, uma das regiões mais afetadas pela liquefação – alguém tinha pintado na cerca de uma propriedade "Nós ainda moramos aqui!".

Ninguém gosta de pensar na vida como sendo um espetáculo.

Por outro lado, falhas geológicas não pensam. Elas são indiferentes ao que foi construído na superfície da terra. Falhas geológicas têm sua própria história. Elas não são eventos aleatórios, mas contêm uma inevitabilidade própria. Era só uma questão de tempo até eu entrar em contato com a família do fazendeiro.

Maud pode ter segurado a pedra, mas ela nunca a atirou, então a família de O.T. nunca soube de Betty.

O neto de O.T., Wylie Evans, ficou estupefato quando soube de Betty através de John Harper, um historiador local com quem eu tinha conversado. Então Harper entrou em contato comigo para dizer que a família Evans gostaria de me conhecer.

Mandei um e-mail para Wylie, e um ano depois do terremoto eu me vi reconstituindo os passos de Maud a partir da área de serviço da fazenda de Evans.

⌁

Isto é o que acontece com uma casa abandonada para lutar sozinha contra o tempo. O telhado da frente está pendurado sobre a varanda como um aplique de cabelo malfeito. Metade da varanda desapareceu – virou lenha, sem dúvida. Dois enormes galhos laterais de uma macrocarpa apoiam-se no telhado com o peso do braço de um bêbado.

São quatro horas do final de um verão desbotado, e do lado de dentro a casa está escura e úmida. As janelas altas com suas roldanas antiquadas deixam entrar um pouco de luz. Uma lanterna viria a calhar porque no hall eu tenho que me equilibrar nas vigas do chão expostas pela falta de assoalho. Os pisos dos outros cômodos estão intactos, mas cobertos de bosta de ovelha e terra. Em cada quarto, com papel de parede descascado, tem uma lareira.

Ruínas como estas são comuns em fazendas onde a necessidade de ocupar o mesmo local da casa original não é tão urgente quanto na cidade ou numa rua residencial onde uma pegada tem que ser instantaneamente substituída por outra. Então uma casa é abandonada como se fosse um toco velho de árvore ou uma carcaça enferrujada de carro.

Fico surpreso e encantado com o quanto ainda resta. Cadernos escolares dos anos 1920 que pertenceram a Gwendoline, filha de O.T. e Maggie, estão caídos no chão. Eu espano um cartãozinho do *Sociedade do Livro, 13, Grosvenor Place, Hyde Park Corner, London SW1*. Há montes de livros, se desintegrando dentro de caixas, alguns espalhados pelo chão. Pego *As minas do rei Salomão*, de H. Rider Haggard. Ao abri-lo, encontro a dedicatória: "Para Owen Tibbott Evans, Natal de 1896, Papai." Eu seguro um livro que um dia O.T. segurou, assim como o pai dele, e sinto uma onda inesperada de prazer.

Num armário escuro, encontro três vidros de remédio fornecidos por E. P. Shier, Amberley, em 1923. Os vidros têm um resíduo leitoso, como leite de magnésia, com instruções no rótulo para tomar quatro vezes por dia. Leite de magnésia é excelente para azia, dilui a queimação. Eu sei disso por experiência própria.

Em seguida, pego um *The Boarding School Girl* e encontro lá dentro o nome de O.T., esse criador de gado e cavalos de mais de um metro e oitenta e ombros largos.

Presas num arame, encontro faturas do ano de 1938. Arranco cada uma, na esperança de encontrar algo escrito na margem, ou uma carta que tenha ficado misturada com as contas. Mas o arame só contém faturas. Ainda assim, um pouco do homem e de como ele vivia é revelado no que ele pagou no decorrer do ano: contas da Meat and Wool, na Marion Street, que é a rua adjacente à Ghuznee com uma loja de música na esquina em frente à rua da fábrica de sapatos; uma fatura da maternidade Little Company of Mary Hospital, na Bealey Avenue, Christchurch, "para a Srta. Evans, quarto 23"; uma fatura da Blackburn Motors, em Christchurch, distribuidora da Buick, relativa à compra de óleo e graxa e meio litro de óleo para amortecedor; um recibo de 10 libras do Partido Nacional da Nova Zelândia (era de esperar); taxas do Grupo de Trote do Canterbury Park; faturas para o transporte de cavalos para esses encontros (depois eu soube que O.T. venceu a New Brighton Cup com um cavalo chamado Beckleigh). Tiro mais um punhado de faturas do arame. Tem uma da livraria Whitcombe & Tombs, e, algo devastador para um pai, uma fatura da Shaw and Sons, em Rangiora, relativa às despesas com o funeral da filha dele, Gwendoline, seguida sem cerimônia por contas de empregados contratados para cortar e enfeixar trigo, negociantes de máquinas, ferreiros, faturas regulares de um florista em Christchurch e da D.H. Fisher, "Pagamento mensal de lojistas de Hawarden", geralmente relativas aos mesmos itens: dezesseis ovos, queijo, fósforos, barbante.

    Eu imagino em que quarto Maud dormia. Provavelmente no que ficava mais perto da copa. Mas talvez não – acabei de saber da existência de uma filha ilegítima de 14 anos, May, que foi "trabalhar como doméstica" em Taruna na mesma época em que Maud morava lá. O quarto de May devia ser o mais próximo da parte de serviço da casa, e nesse caso, eu concluo, Maud devia dormir no quarto diretamente embaixo do de O.T. Grandes pedaços de papel de parede estão pendurados como asas de morcego de um friso de flores cor-de-rosa. Sua delicadeza sobreviveu à deterioração do quarto. Hawthorne invocou uma cebola para descrever sedução como uma espécie de descamação:

> Você pode descascar as camadas externas sem causar muito dano, talvez até nenhum; mas você continua tirando uma a uma, esperando chegar no núcleo... No entanto, não existe um núcleo, a castidade está espalhada por várias camadas, reduz-se com a remoção de cada uma, e desaparece com a última que você supunha que iria levá-lo à pérola oculta.

Acrescentem a isso o silêncio rangente da casa e uma sensação de que o mundo se esqueceu de Maud e O.T. E o pensamento casual que vai e vem, primeiro como uma surpresa que desperta vergonha, e depois não desperta mais, é apenas algo íntimo, e depois um desejo, e depois uma frustração, e depois uma necessidade que não pode mais ser reprimida.

Foi isso que aconteceu? Quem poderia saber? Quem saberia? As árvores? A noite espiando pelas janelas? As brasas se extinguindo na lareira? As estrelas furiosas piscando impotentes? O mundo que poderia contar é mudo. Mas se conhecemos um pouco a respeito da natureza humana, então nós sabemos.

Minha mãe nasceu em dezembro, foi provavelmente concebida nos primeiros dias do outono, em março. A ardente luminosidade desaparecendo no céu. O ar noturno com um cheiro penetrante de frutas caídas sob as árvores nos campos do lado sul da fazenda. Como era estranho e extraordinário estar parado no quarto em que minha mãe foi concebida, e respirar o ar sujo de fuligem destas ruínas onde as condições da minha infância — ausência, silêncio, repúdio ao passado — foram estabelecidas.

⌒

Cavucando no escuro e na sujeira do chão do quarto de May, eu encontro romances que pertenciam a ela, bem como um caderno cheio de poemas de Gwendoline, que, me disseram, adorava escrever e montar a cavalo. Gwendoline morreu aos 20 anos, oficialmente de leucemia, mas Margaret Evans, irmã de Wylie, suspeita que a causa da morte foi hidatidose. No chão, ao lado de um par de botas velhas de borracha, encontro um volume de *Sacred Songs and Solos* com o nome de Gwendoline escrito, e o romance *Stella's Fortune,* de Charles Garvice, muito popular na época, com o nome de May escrito à mão do lado de dentro, Mary Olive Kinley.

Aparentemente, May não teve outra família. Wylie Evans não tem certeza de onde ela veio — de Christchurch, ele acha, ou possivelmente de Rangiora. Tudo o que se sabe sobre May é que ela era uma filha ilegítima. Este é o único fato que define May.

Na lembrança de Wylie, May sempre esteve lá, trabalhando nos bastidores, quase uma pessoa da família. Depois que Maggie morreu, May continuou lá, e não foi porque ela não tivesse outro lugar para ir. Ela fazia parte de Taruna e Taruna fazia parte dela.

Aparentemente, não havia mais ninguém na vida de May. Ela nunca se casou. Ninguém a visitava, e O.T. sempre cuidava para que ela ficasse dentro de casa toda vez que aparecia no portão um andarilho em busca de trabalho. Eu soube que ele não gostava que as mulheres ficassem sozinhas em casa.

Os homens da tosa chegavam e partiam. Os barracões de tosa ficam nos fundos da fazenda. Um tosador poderia estar na sombra do barracão enxugando o suor do corpo e avistar May pendurando a roupa no varal ou colhendo frutas, andando no meio das árvores que cercavam a casa. Mas ninguém se lembra de ter visto uma cena dessas. Wylie se lembra de May gritando para seu avô descer antes que o mingau esfriasse.

Tenho curiosidade a respeito de May – os fatos da vida dela indicam aquela necessidade básica de amar e ser amada. Ela tinha sido abandonada e recolhida, como um cachorro de rua.

May está em Christchurch com Maggie e seu novo bebê, Geoffrey, quando Maud vai a Taruna para ser governanta. Depois que Maggie morre, em 1943, May assume a poltrona perto do fogo e se senta ali à noite com o fazendeiro. Talvez O. T. não consiga pensar em May de outra maneira que não "empregada doméstica", ou até "ilegítima", mas seja qual for o caso, ele a salvou. Ela fica sendo para sempre a garota de 14 anos que chegou de repente. Imagino que ele sentisse afeição, até mesmo amor, por essa mulher que jamais irá deixar sua propriedade.

No aniversário dela, ele lhe dá um presente. Ele põe a mão no seu ombro e beija seu rosto de forma inocente. Talvez passe por sua cabeça que ele já viveu aquilo antes. Houve Maud, e ele quase pagou muito caro por isso, morrendo de medo que alguém ficasse sabendo.

Houve Maud, mas onde está ela agora? Com Nash? E a garotinha, Betty? O que aconteceu com ela? Existe alguém por ali que se pareça um pouco com ele? Diante da lareira numa noite de inverno com May, será que a mente dele divaga? O corpo vibra nos mesmo lugares de antigamente. É engraçado como a memória e a carne estão intimamente ligadas.

Ele olha para a mulher sentada na poltrona. Como o rosto dela está brilhante, quase corado. Há ovelhas para pastorear, para tosquiar. Há cavalos para cruzar. Corridas para participar. Há aniversários e aniversários de casamento para comemorar. O aniversário de sua filha Gwendoline chega e passa; talvez essa seja uma data impossível de suportar. Depois, passado algum tempo, talvez não seja mais. Nas semanas e meses que se seguiram à morte da filha, será que ele pensou sobre aquela outra menina, Betty?

Ele se lembra da sua promessa de financiar a educação dela, e cumpre o que prometeu – pagando por seu "pecado", como ele considerava aquilo. Provavelmente, ele mandava o dinheiro para Maud. E nesse caso ele deve ter mantido contato com ela. Ou, o que é mais provável, Maud manteve aquela caixa postal em Rangiora para quando chegasse o momento de lembrar O.T. de sua promessa.

O correio ainda tem suas caixas postais de metal pintadas de vermelho. Olhei fixamente para a C. P. 3 – foi isso que aconteceu. Fiquei parado no mesmo lugar onde ele tinha estado tantos anos antes, imagino que num estado de espírito mais calmo que o dele. Quando ele morreu, em 1959, eu tinha 4 anos. Não imagino que ele soubesse da minha existência ou dos meus irmãos. Mas nunca se sabe. Prefiro pensar que ele tenha tido o privilégio de saber porque, meio século depois, lá estou eu, no mesmo lugar que ele, olhando na mesma direção que ele, ocupando um momento que sem dúvida ele nunca imaginou que o futuro iria trazer – um neto desconhecido, como eu, ciente do seu segredo.

Maggie morre três anos depois de Gwendoline – dois golpes seguidos. E então vem a guerra, que diminui o sofrimento pessoal. As noites continuam – não há como evitá-las. Ele se senta na sala com May, que é uma boa companhia. Ela conhece bem os hábitos dele. Ela conhece sua respiração quando ele está dormindo. Sabe coisas sobre ele que nem mesmo ele sabe. E para aqueles momentos entre eles, de silêncio ou certa tolice, em que querem preencher a sala com algo que não seja eles mesmos, estacionado no canto está o órgão a pedal e toca-discos.

O.T. morre aos 80 anos. Os obituários mencionam seu sucesso como criador de ovelhas e de cavalos. Doze dias depois, May morre.

No cemitério de Horsley Downs, a poucas sepulturas depois de O.T. e do filho dele, Geoffrey, está May, "querida amiga dos falecidos O.T. Evans e M.A. Evans e família."

⁓

Eu me vejo pensando no gado que ficou nas montanhas, esperando que sua nova casa mais a oeste fosse desmatada por homens de chapéu caminhando no meio do capim fumegante. Um século depois é essa a paisagem que eu percorro, com Harper ao volante. A estrada é estreita como uma agulha, e aqueles morros que sempre ficaram à margem do tempo começam a aparecer com uma rapidez surpreendente. Pelas janelas laterais vejo o pasto plano e duro. É a mesma terra que recebeu Maud tantos anos atrás. Eu me preocupo mais do que normalmente em olhar e anotar as coisas. As coisas grandes – evidentemente as montanhas, esmagadoras, mas ao mesmo tempo edificantes, as nuvens passando no alto e a densidade de pensamentos que o espaço vazio provoca.

Reduzimos a velocidade para entrar na ponte, passando aos solavancos sobre suas ripas de madeira. Lá embaixo, um rio manso está cheio de chapéus de sol, toalhas de praia coloridas e água cintilante. Crianças com boias passam flutuando e desaparecem numa curva do rio enquanto saímos da ponte para a estrada esburacada.

Estamos percorrendo terras que também foram abandonadas por ideias grandiosas. Harper diz que um dia houve planos de construir uma estrada de ferro ligando esse vale à costa oeste. A terra foi mapeada, mas a estrada de ferro nunca aconteceu. As velhas estacas do agrimensor ainda surgem no meio das moitas. Quanto a pegadas antigas, os maori percorreram a mesma rota por entre as montanhas para chegar na costa oeste. Em algum lugar ao longo desta estrada de terra, Harper considera que já vimos o suficiente e faz a volta. Pela segunda vez naquele dia, atravessamos a ponte, agora sem olhar para baixo, e passamos voando pelos portões que levam a Taruna.

Na igreja, viramos na direção norte e continuamos mais um pouco até chegar no pequeno cemitério rural.

Está silencioso, o calor do final da tarde deu uma canseira no dia. As portas do carro rangem quando nós saltamos. Eu posso ouvir o ruído distante de um trator, mas nada além disso perturba o silêncio. Atrás de nós, as montanhas estão imóveis, vigilantes. Paramos nos túmulos de dois adolescentes na forma de cercados de criança. Há brinquedos e flores, e pedras pintadas com mensagens de amigos e familiares. Uma cadeira foi colocada ao lado de cada túmulo para o visitante se sentar e conversar com o morto.

A sepultura cinzenta de O.T., por outro lado, representa uma outra época com sua austeridade. Não há belas palavras nem passagens bíblicas escritas. A informação sobre o morto é clara e concisa. Andar a cavalo e caçar são suas atividades de lazer preferidas listadas no *Who's Who* de 1938, junto com algumas informações biográficas. Quando saiu da escola, O.T. trabalhou na Central Dairy Company, em Addington, Christchurch, durante quatro anos. Depois, ele trabalhou vários anos numa fábrica de debulha de grãos no distrito de Kaiapoi. Em 1902, os senhores Evans & Sons adquiriram Clifton, uma fazenda de mil hectares. A foto da plantação de trigo tirada pelo fotógrafo do Departamento de Turismo era de Clifton, em 1917.

Em Hawarden, há uma velha igreja com o nome Evans rabiscado no concreto de suas fundações. Hoje em dia é um museu. Em meio a um ar abafado e utensílios agrícolas da época em que Maud chegou na fazenda de O.T., Harper desencavou uma foto de casamento.

O.T. parece firme e confiável, mas também se parece com qualquer outro noivo – seu rosto está desprovido de qualquer traço de personalidade no momento em que ele e sua nova mulher surgem nos degraus da St. Andrew.

Examino em vão o rosto dele em busca de traços que lembrem os meus, não consigo ir além dos aspectos impeditivos representados pelo terno elegante, o cravo na lapela, o sorriso zeloso e controlado.

Então Harper me mostrou uma foto de Richard Evans, pai de O.T., e eu fiquei espantado ao encontrar traços meus – os olhos, a boca, o sorriso tênue. Foi uma grande surpresa, especialmente reconhecer as feições que sugeriam uma espécie de tensão muscular e responsabilidade. Era como se eu tivesse encontrado uma réplica de mim mesmo, um pouco como os velhos edifícios de pedra de Christchurch contruídos para se parecer com um modelo mais antigo. Eu nunca me senti menos original do que no momento em que pus os olhos em Richard Evans.

Harper me contou que o pai de Richard Evans foi xerife de uma aldeia em Monmouthshire, País de Gales. Não fiquei nem um pouco surpreso. Um velho traço adormecido de personalidade foi confirmado. Um xerife? Bem, é claro que isso faz sentido – e explica aquelas ocasiões em que me pego dizendo aos bêbados no beco debaixo da fábrica de sapatos para dar o fora e levar as garrafas vazias com eles. Eu posso até ter herdado parte disso de Papai, que aparentava ser uma figura desprovida de autoridade – paletó e cachecol e olhos zangados para disfarçar o fato de que mal conseguia falar –, mas era capaz de se levantar no meio de um grupo de torcedores de rúgbi para reclamar com um bêbado a respeito do "linguajar" dele. Eu me encolhia na cadeira, apesar de me sentir vagamente orgulhoso dele fazer o que as pessoas sentadas à nossa volta não tinham coragem. Mas esse orgulho só veio depois, num momento mais calmo de reflexão. Na hora eu queria que ele se sentasse e calasse a boca. Agora eu me vejo fazendo o mesmo – abrindo caminho no meio da multidão para ajudar alguém que está tendo uma convulsão. A multidão sempre reage favoravelmente e eu me aproximo com um ar de autoridade. A aceitação incontestável da minha atitude continua até eu me ajoelhar e perguntar à pessoa caída se ele ou ela está bem, e então eu sinto no ar uma mudança e o pensamento não expresso de que eles – bem, qualquer um – poderiam ter feito isso (perguntar se a pessoa está bem). E obviamente eu não sou o médico por quem eles me tomaram, nem mesmo um parente, e sim, ao que parece, um parente distante de um xerife do País de Gales agindo por um impulso herdado de um fantasma.

Richard Evans, avô de Mamãe, teve problemas respiratórios na juventude, e quando um médico recomendou que ele saísse do País de Gales e fosse morar num lugar de clima mais agradável, em vez de ser sensato e ir para o Brasil, ele foi para a Nova Zelândia, chegando em Lyttelton por volta da época em que os pântanos identificados no "mapa negro" de 1854 foram drenados para a cidade estender suas fronteiras.

Ele não demorou a subir na vida. Fundou um moinho de farinha em Kaiapoi, um grande prédio de tijolos nas margens do rio, que foi em parte danificado pelo terremoto de setembro de 2010. Participou ativamente da política local. Ocupou uma cadeira no Waimakariri River Board, e foi um membro ativo da igreja metodista.

O filho do xerife teve uma vida longa e produtiva até o dia fatal em 1921, em que ele atravessou a estrada de ferro em Kaiapoi para falar com uns homens no depósito de madeira, como tinha feito em outras ocasiões. Dessa vez ele não ouviu o trem se aproximar e foi atingido por trás – arremessado pela armação de metal na frente do trem. A perna dele foi decepada.

O irmão de O.T., Llewellyn, foi o primeiro a chegar ao local. Ele disse ao médico-legista: "Quando eu o vi depois do acidente, disse a ele: 'Isto foi sério, meu rapaz.' Eu perguntei o que tinha acontecido, e ele respondeu: 'Bem, eu não sei ao certo.'"

Anos antes, em 1902, Llewellyn foi para o País de Gales, onde administrou uma fábrica de tijolos em Rhyl. Jogou hóquei pelo País de Gales e ganhou uma medalha de bronze nas Olimpíadas de 1908. Depois que voltou, em 1912, administrou o moinho do pai em Kaiapoi.

Mas é em seu irmão O.T. que eu reconheço certas características – a postura dele é igual à minha, toda a tensão se concentra nos ombros. A modéstia o impede de demonstrar mais do que uma satisfação moderada. Eu acho que isso pode explicar sua reserva facial, junto com o abrandamento das emoções que chega com a meia-idade. O.T. tem o túmulo simples que ele teria desejado.

O sol está baixo e forte e, estupidamente, eu esqueci de trazer um chapéu. Eu tenho que proteger os olhos com um caderno para contemplar o contorno escuro e magro do monte Tekoa. Imaginei que se tratasse de um nome maori. Mas Harper me corrige. Ele diz que é do Livro de Amós. Mais tarde naquela noite eu leio sobre Amós, que estava entre os "pastores de Tekoa... dois anos antes do terremoto...", no Velho Testamento. Trata-se de um sermão deprimente sobre o fracasso de um homem em relação aos seus deveres para consigo mesmo e para com Deus. Amós era um comerciante de gado e ovelhas, um nativo de Tekoa.

Todo o caminho até as montanhas é repleto de fazendas de criação de ovelhas, então talvez não seja tão estranho batizar um penhasco em homenagem a um pastor do Velho Testamento. Eu me pergunto se a visão diária do penhasco fez O.T. algum dia meditar. O sentido mais profundo de Tekoa talvez não tenha passado despercebido para ele. Assim como o significado maori de Taruna – "conectado" – não passou despercebido para mim.

Não parece ter se passado muito tempo desde que eu me sentei na poltrona desconfortável de O.T. na casa de Wylie Evans, a mesma poltrona que ele costumava ocupar ao lado da lareira na velha fazenda, e que vi num velho vídeo caseiro um fantasma andando muito perto de mim – o pai que minha mãe nunca viu e um avô que eu nunca vi.

De repente lá está ele – a massa de cabelos brancos, um terno, um colete escuro, um colarinho branco, um lenço branco enfiado no bolsinho da frente do paletó. Ele usava o mesmo terno todo dia, inverno e verão. "Se é capaz de me proteger do frio do inverno, pode me proteger do calor do verão", costumava dizer. Wylie me contou isso. Algumas palavras podem vir de qualquer pessoa. Outras palavras são típicas de uma determinada personalidade. *Se é capaz de me proteger do frio do inverno, pode me proteger do calor do verão.* Foi como ouvir uma voz saída do túmulo.

    O Buick estava em Christchurch para ser pintado e O.T. o levou de volta para a fazenda. Ele para em frente a casa, aquela que eu visitei naquela tarde, percorrendo os cômodos, interrogando as paredes. Lá, do outro lado dos canteiros de rosas, ele estaciona e salta. Com o quadril um pouco duro. Mas ele tem 70 anos. Ele usa um chapéu escuro. O cabelo branco duro como uma pá cai até as costas. Está usando seu terno escuro e o colete, e lá está o lenço branco. Ele não faz ideia de que está sendo filmado; não tem motivos para desconfiar disso. Esta é a primeira vez que sua imagem foi capturada em filme. O filho dele, Geoff, foi uma das primeiras pessoas da região a possuir uma câmera. Eu me pergunto o que minha mãe teria achado do momento em que os netos dele – Wylie, Bruce e Margaret – se juntam em volta do carro. Fica claro que o Buick tem um status na família. Ele está ali com um Corriedale premiado. O Corriedale é uma raça de aparência curiosa. Sua cara é estreita, como a de um poodle, cercada por um espesso tapete de pelo. Mais tarde no filme, O.T. tem um Corriedale encostado em suas pernas. Eu estou mais interessado nos detalhes da cara de O.T. do que nos do carneiro, mas é difícil enxergar o rosto dele sob a sombra do chapéu e a fumaça do cachimbo. O carneiro levanta os olhos para ele e então eu vejo o "rosto claro", as "costas retas" e o "traseiro grande" que, como me informam, são característicos de um bom Corriedale. É assim que se adquire história. Você aprende coisas que nunca esperou aprender.

    Então eu reconheço um gesto meu – uma distribuição do peso do corpo quando O.T. se encosta numa cerca, de novo, é claro, de terno escuro e chapéu. E então ele aparece pela última vez, dirigindo um trator pelo pasto. Ele vai chegando cada vez mais perto da câmera. Um de seus netos está sentado no seu colo. Ele vira a cabeça para olhar para trás e ver o que já arou. E então desaparece.

# Posfácio

NO FINAL DA TARDE de uma segunda-feira em março de 2013, voltei ao cemitério Karori com o número do lote de Eleanor Gwendoline Jones. Desta vez a mulher da administração alterou suas orientações – "vire à direita no último poste de luz e procure por ela no setor público 2, perto de Hearn e Eliot". Folhas caídas cobriam o caminho entre as sepulturas e havia um forte cheiro de eucalipto no ar. Eu encontrei Eliot, depois Hearn, cobertos de folhas de eucalipto. Em seguida vinha o lote de Eleanor, praticamente uma encosta desmoronada. Cem anos depois de ser enterrada, ela finalmente recebe visita.

# Agradecimentos

A DESCRIÇÃO QUE Nathaniel Hawthorne faz das mulheres da Casa de Trabalho na página 196 é de *The English Notebooks of Nathaniel Hawthorne*, Vol. II, Riverside Edition, Houghton, Mifflin & Co, Boston, 1883.

Os tratamentos para melancolia descritos na página 234 são de *The Anatomy of Melancholy*, de Robert Burton, George Bell & Sons, Londres.

As terras da fazenda de O.T. Evans passaram para novas mãos, e eu sou muito grato a Jenny e Alex Fergusson por terem permitido que eu explorasse a casa em ruínas de O.T.

Sou extremamente grato à família Evans por sua boa vontade, generosidade e hospitalidade. Numa carta enviada para a família Evans, Wylie diz: "Nós agora temos parentes que não sabíamos que existiam, algo que eu, pessoalmente, considero um bônus." Eu concordo.

Gostaria de agradecer ao gabinete de Chris Finlayson, ministro da Cultura e do Patrimônio, por me colocar em contato com a equipe do CERA (Canterbury Earthquake Recovery Authority), que possibilitou tantas coisas numa época tão difícil.

Agradeço também a Gareth James, do Transpacific Waste Management, por me dar acesso ao depósito de sucata em Bottle Lake.

As equipes dos Arquivos da Nova Zelândia e do Ministério do Desenvolvimento Social tiveram uma paciência incrível comigo e eu agradeço a ambas as instituições pelos documentos que suas pesquisas produziram.

A Juliet Nicholas e Ken McAnergney, e a Morrin Rout, e Marion Hargreaves, agradeço a hospitalidade, o conhecimento local e a excelente companhia em Christchurch. A fotógrafa Anne Noble foi uma grande companhia em duas viagens à zona do terremoto. O paisagista de Christchurch, Di Lucas, me forneceu generosamente um insight inestimável. Sou grato a John Harper, que fez a primeira aproximação com a família Evans. John me guiou pela região e abriu amavelmente o museu local. Em 2008, tive a felicidade de ser guiado numa exposição dos quadros de William Hodges por Pieter van der Merwe, do Museu Nacional Marítimo de Greenwich, que me mostrou ainda os desenhos dos icebergs.

Agradeço de coração ao meu primeiro leitor e agente, Michael Gifkins, e ao meu editor na Text, Michael Heyward, por seus incansáveis esforços a meu favor, e à maravilhosa Jane Pearson por sua leitura atenta e inteligente.

Finalmente, a costumeira sabedoria do poeta russo Joseph Brodsky, neste caso uma frase de um ensaio, me manteve nos trilhos: "Se a arte nos ensina algo, ao artista em primeiro lugar, é sobre a solidão da condição humana." De *On Grief and Reason – Essays*, Penguin Modern Classics, 2011, p. 40.

Impressão e Acabamento:
GRÁFICA STAMPPA LTDA.
Rua João Santana, 44 - Ramos - RJ